FRENCH THROUGH PICTURES BOOK I
and
A FIRST WORKBOOK OF FRENCH

is one book in a language series for beginners published by POCKET BOOKS. Other languages in this series on which books have been published are English, German, and Spanish.

Here you will find a small, carefully made selection of the most widely used French words put into key patterns so that you will be able to quickly master and apply them. These common words in their everyday sentence forms are made clear to you page by page with the help of pictures. The second half of the book provides a workbook of written exercises with which to test your grasp of the material.

For students using this book we suggest also *French Through Pictures Book II,* which continues the teaching of *Book I.*

To avoid confusion over duplication of page numbers, please note that the text of *French Through Pictures Book I* is presented on pages 1–121; the exercise section repeats the page numbers of the original *Workbook I,* which are 1–172.

Published by POCKET BOOKS

FRENCH
THROUGH PICTURES

BOOK I
and
A FIRST WORKBOOK
OF FRENCH

by

I. A. Richards • M. H. Ilsley

Christine M. Gibson

A KANGAROO BOOK
PUBLISHED BY POCKET BOOKS NEW YORK

FRENCH THROUGH PICTURES BOOK I AND A FIRST WORKBOOK OF FRENCH

POCKET BOOK edition published February, 1974

2nd printing.........................June, 1977

This original POCKET BOOK edition is printed from
plates made from clear, easy-to-read
type. POCKET BOOK editions are published by
POCKET BOOKS,
a Simon & Schuster Division of
GULF & WESTERN CORPORATION
1230 Avenue of the Americas,
New York, N.Y. 10020.
Trademarks registered in the United States
and other countries.

PREFACE

French Through Pictures adapts the instructional design of the parent text of the series, *English Through Pictures Book One*, to the teaching of elementary French, introducing the beginner to about 700 highly useful words at work in the essential sentence patterns of the language. A pictorial commentary explains the sentences as they appear, arranged in a double-page display of sentences in situations to invite comparison with one another. Learners quickly get a sense of the new language when they can repeat the sentences after an informant while they look at the depictions. As with all the *Language Through Pictures* books of the series, recordings of the complete text, spaced for sentence repetition, are available. Filmstrips and film lessons are also obtainable.*

For study of the written language, a workbook of exercises, graded step by step to the teaching sequence, has been provided to challenge and reinforce the learning of all lexical and structural elements while providing enrichment reading and writing within the learner's reach. The new edition of *French Through Pictures Book I* assembles for the first time in one volume *A First Workbook of French,* bound together with the first half of the teaching text. This new single volume parallels filmstrips and recordings of the same material as well as a series of sound motion pictures graded for use with it.

French Through Pictures Book II and A Second Workbook of French follows as the second volume of the new edition, paralleled by Recordings, Filmstrips and Teaching Films, Series II.

Field use of the materials—in school and college classrooms, in language laboratories, on educational

---

* Information may be obtained from Educational Services, 1730 I St., N.W., Washington, D.C. 20006, and from Language Research, Inc., 134 Mt. Auburn St., Cambridge, Mass. 02138.

television, and in special programs for industry, social services and teacher training courses—has established their quick effectiveness. Audio-lingual beginner courses are able to synchronize tapes of the text with captionless picture sequences to give a meaningful introduction to the language. The script and workbook exercises then confirm the oral learning. Verifiable statements of fact about things that can be indicated lead in the later pages into discussion of ideas when words already made clear are brought back to help explain the new. The developing language is self-reviewing.

Acknowledgment should here be made to Mrs. C. Bruce Ilsley for preparing the French text, and to John Wight and Nina Lande for assistance with the detail of the text. Mrs. Charles Livingston and Mr. Emmanuel Gabriel are to be thanked for their critical readings of the manuscript, and Mr. Frederick Bodmer for providing the pronunciation aids.

I. A. RICHARDS
CHRISTINE M. GIBSON

CONTENTS

FRENCH
THROUGH PICTURES

BOOK I

SUGGESTIONS TO THE BEGINNER

You can go a long way in learning everyday French through this book. Seven hundred of the most widely useful words in the new language are put to work for you in key syntax patterns so that you will not find them difficult to master and apply. These common words in their common sentence forms are made clear to you page by page with the help of pictures. Read each page from left to right, 1-2, and then from left to right again in the two lower frames, 3-4.

As you work with the book you will see that each page is part of a larger design, building systematically upon the pages which go before it. Moreover, each page has its own organic relations between its several parts. The individual frames, 1, 2, 3 and 4, become comprehensible to you with the help of one another. Study the pictures on a page and you will see, as you examine the sentences which accompany them, how the sentences change with the details in the pictures, and why. Follow the sequence to find out what the sentences say. New words will take on meaning as you proceed, and your knowledge of the language will develop.

For example, consider Page 14 of the book for a

moment. Picture 1 on that page shows a man beside a
table which has a hat on it. The hat is a man's hat. The
accompanying caption reads: "Son chapeau est sur la
table." If you turn back to Page 12 you will see how
son was explained in the second, third and fourth
pictures in contrast to *mon* in the first and *votre* in the
first picture on the adjoining page. The meaning of the
word *chapeau* has been established before this, on
Page 10, with frame 3, and the work of the word *est*
has previously become clear through a range of simple
statements starting on Page 1. The words *la* and *table*
have been explained through the pictures on Page 10,
and the only new feature of the sentence, the word *sur,*
is given meaning from the new picture.

Turn now to frames 2, 3 and 4 on the same page
(14), and you will see that *enlèvera* and *de* in frame
2 become meaningful as you compare them with
enlève and *de* in frame 3, and with *a, enlevé* and *de*
in frame 4. The other parts of all these sentences are
already familiar. They provide the framework which
gives these new features of vocabulary and structure
their support.

You will notice that the new items on this page are
mastered without recourse to an English translation or
to a bilingual dictionary. While you are working along
from page to page, comparing pictures and sentences
and getting new meanings clear, it is well to keep your
own language as far as possible out of your mind. *Don't
translate.* If you do, the sounds, the sentence forms and
the meaning patterns of English will get in your way
and make your learning of French more difficult.

What has been said so far about your attack upon
the new language refers to eye-learning, visual compre-
hension. The best aid to pronunciation is of course a
teacher with a native speaker's command of French to
supply you with models and correct you where you go
wrong. The next best help is a series of good phonograph records with pauses for you to fill with your best
imitations. But even without records or a teacher, much

help can be got through careful study of the descriptions of French sounds which follow. A word of warning, however, is in order. If you have not carefully taken in and mastered these aids, do not vocalize the French in your study. By reading the French as if it were English you can form habits which will be a hindrance to you later. Be content to develop at first only a reading and writing knowledge of French unless you are able to make the extra effort of a really serious attack on the pronunciation. If not, postpone that until you have your teacher or records, and confine yourself to silent reading. Following page 187 several blank pages have been provided for your convenience, where you may make note of other words or phrases not found in this book, which you would like to add to your vocabulary.

FRENCH PRONUNCIATION

The next few pages contain some hints about French sounds for you if you are going to study this book without the help of a teacher or of phonograph records. Each sound will be given a special sign in parentheses, and these signs will be used for the phonetic spelling of all French words (see Index, pages 175-87), side by side with their ordinary spelling. Some of the phonetic signs have a strange look, e.g. (ə), but as these are few it will not take you long to get familiar with them.

The most difficult French sounds for English-speaking people are the vowel sounds because several of them do not occur in English and others are somewhat different from English sounds. That is why this book does not try to spell out French words in English for you, but uses a phonetic alphabet. All French vowel sounds are pure vowels, whereas some English vowels are made up of two sounds, one following close after the other. When pronouncing, e.g. the *o* sound of *mot,* keep jaw, lips and tongue in a fixed position while you are uttering it. If you do, you will get the right pronunciation; if not, your *o* may sound like the *o* of the English word *go* and be wrong. A circumflex (û) above a vowel indicates that the sound is to be prolonged, e.g. *âge.*

A stands for two different sounds in French. The more common one (a) lies between the *a* of *father* and the *a* of *cat,* e.g. *madame.* The other (ɑ) resembles the *a* of *father,* e.g. *passer.*

The letter *é* (e) is pronounced like the *ei* of *eight*, e.g. *été*. The letters *è* and *ê* sound (ɛ) like the *e* in *met*, e.g. *très, même*. Without an accent *e* may have the same value as *è*, e.g. *mer*, or be faintly audible (ə) like the *e* in *other*, e.g. *le*. Final *-er* and *-ez* in verb forms are pronounced like *é*, e.g. *chanter, donnez*. Final unaccented *e* is silent except in *ce, de, je, le, me, ne, que, se,* and *te*.

I (i) sounds like the *i* in *machine*, e.g. *figure*.

O is pronounced either (ɔ) like the *ou* of *bought*, e.g. *port*, or (o) like the beginning of the *o* sound in *go*, e.g. *mot*.

The letter *u* represents a sound which has no equivalent in English. If you speak Scots pronounce it like the *u* of *gude;* if German, like the *ü* of *Stück*. Otherwise pout your lips as if you were to pronounce the *oo* of *fool*, but without uttering any sound. Then with the lips in that position try to pronounce the *ee* of *feel*, and you *may* get the sound (y) of French, e.g. *lune*.

AI is pronounced either like *è*, e.g. *maison*, or like *é*, e.g. *ferai*. *EI* has the same value as *è*, e.g. *neige*.

AU and *eau* sound like the first part of *o* in *go*, e.g. *cause, beau*.

OU (u) resembles the sound of *oo* in *too*, e.g. *trouver*. When preceding another vowel sound, *ou* is pronounced (w) like the *w* of *wind*, e.g. *oui*.

OI (wa) sounds like *wa*, e.g. *boîte*.

EU, like *oeu*, represents two distinct sounds which do not exist in English. They are pronounced (œ) somewhat like the *ea* of *heard*, e.g. *fleuve*, or similar (ø) to the *e* in *le*, e.g. *deux*.

-ILL-, and final *-il* preceded by a vowel are pronounced (j) like the *i* of *machine* quickly followed by the sound of *y* in *yes*, e.g. *fille, travail*. In some words, e.g. *ville*, the combination *-ill-* is pronounced (il).

A pronounced *u* followed by another pronounced vowel sounds (ɥ) similar to a rapidly spoken French *u*, e.g. *nuit*.

French is a highly nasal language. Nasalization of a

vowel takes place when the vowel is followed by a silent
m or *n* of the same syllable. When English-speaking
people first try to produce a French nasal vowel such
as the *o* of *son* they are likely to say *song*. To make
sure that you nasalize properly pinch your nose and
then pronounce the vowel. If you nasalize in the French
manner you can hold out indefinitely on the *o;* but if
you say *ong* the sound will come to an abrupt end.
There are four nasal vowels:

  (ɑ̃) written *am, an, em, en,* e.g. *entend.*
  (ɛ̃) written *im, in, yn, ym, aim, ain, eim, ein,* e.g.
      main.
  (ɔ̃) written *om, on,* e.g. *sont.*
  (œ̃) written *um, un,* e.g. *lundi.*

French consonants give little trouble because they
are either like those of English or nearly so.

C before *a, o, u* or a consonant sounds (k) like the
c of *corn,* e.g. *comment,* and *g* in the same position (g)
like the *g* of *go,* e.g. *gare.* Before *e, i* or *y, c* is like *s* in
sing, e.g. *ciel,* and *g* (ʒ) like the *s* of *measure,* e.g. *genre.*
J in all positions is pronounced like the *s* of *measure,*
e.g. *jour.* *Ç* and *ge* have the same sounds *c* and *g* have
before *e, i* or *y,* e.g. *garçon, mangeons.* *CH* sounds like
(ʃ) *sh* in *shine,* e.g. *chien.* *QU* and *q* are usually pronounced as *k,* e.g. *qui,* and *gu* is as in *guide.*

There are two pronunciations of *r* current among
French-speaking people. The more acceptable of the
two is the throaty variety produced by the uvula vibrating against the soft palate. The other is produced by
vibrating the tip of the tongue against the teeth, as
when you exaggerate an *r* on the telephone.

S between two vowels sounds (z) like the *z* of
zero, e.g. *faisant;* elsewhere (s) like the *s* of *sing,* e.g.
sept.

GN (ɲ) is pronounced like the *ny* of *canyon,* e.g.
montagne.

Unless the following word begins with a vowel, final
consonants, especially *d, t, s, x, z* and less often *c, f, l*

are usually silent, e.g. *crochet*. When a word ending in an otherwise silent consonant precedes one with an initial vowel the dead consonant is brought back to life and made the beginning of the following word. In this linking *d* changes to t , and *s* and *x* take the sound z . Such linking is customary, e.g., between article and noun, e.g. *les enfants,* between subject pronoun and verb, e.g. *il a,* preposition and noun, e.g. *sans argent,* adverb and the word modified by it, e.g. *très utiles,* etc. No linking takes place after *et.*

French *h* is an empty symbol, but an initial *h* may affect the pronunciation of the word to which it belongs or that of the preceding word. From this viewpoint words with initial *h* may be divided into two classes. In the one *h* does not prevent linking, e.g. *un homme,* or suppression of the vowel in the preceding word, e.g. *l'homme;* in the other class initial *h* protects the following vowel from a tie-up with the preceding consonant, e.g. *les/hauteurs,* or suppression of the preceding vowel, e.g. *la hauteur.* Words of the second class are marked by the sign "*" in the Index.

French-speaking people stress the syllables of their words fairly evenly and run the words of a phrase together so that they sound like a single word. When they do emphasize a syllable, the stress is not as marked as in English. You will improve your pronunciation if you syllabify in the French way. Make every syllable begin with a consonant. For example, say *Pa/ris; ma/ga/sin.* Even carry over the last consonant of a word so that it is pronounced in the same syllable as the beginning vowel of a following word, e.g. *ré/vol/ ve/r est.* The effect is somewhat like the sound of a typewriter going at good speed, except that a typewriter does not change its pitch. In a French sentence the pitch of each phrase is upward, each a little higher than the one before, until a high point is reached with the second to the last syllable of the last phrase. Then the voice drops slightly on the final syllable of all.

On page xxi you will find a list of all the phonetic signs

used in the Index, pages 175-87. Those which have not been given on the preceding pages, e.g. (m) or (p) represent more or less the same sounds as in English. A complete Pronunciation Guide appears on pages xxiii-xxx.

Phonetic Guide

Phonetic Sign	French Spelling	Phonetic Spelling	Phonetic Sign	French Spelling	Phonetic Spelling
a	madame	madam	ɲ	montagne	mɔ̃taɲ
ɑ	passer	pɑse	ɔ	note	nɔt
ɑ̃	en	ɑ̃	o	chose	ʃoz
b	balle	bal	ɔ̃	on	ɔ̃
d	de	də	ø	deux	dø
e	été	ete	œ	fleuve	flœv
ɛ	très	trɛ	œ̃	lundi	lœ̃di
ɛ̃	main	mɛ̃	p	pas	pɑ
ə	le	lə	r	rouge	ruʒ
f	femme	fam	s	sans	sɑ̃
g	gare	gar	ʃ	chapeau	ʃapo
ɥ	nuit	nɥi	t	tête	tɛt
i	ici	isi	u	ou	u
j	fille	fij	w	oui	wi
k	comment	kɔmɑ̃	v	vent	vɑ̃
l	la	la	y	lune	lyn
m	mal	mal	z	cause	koz
n	non	nɔ̃	ʒ	je	ʒə

PRONUNCIATION GUIDE

The first twenty pages of the book, with the addition of two later sentences, will be found to offer ample exercise of the sounds in the list. For your convenience they are here reproduced with the phonetic script below the French as a guide to pronunciation. The student who cannot get recordings or a native speaker to help him is advised to develop for himself, with the help of the Index, page by page pronunciation guides for at least the first half of the book.

PAGE 1

1 C'est moi.
se mwa

2 C'est vous.
se vu

3 C'est moi.
se mwa

4 C'est vous.
se vu

PAGE 2

1 C'est lui.
se lɥi

2 C'est elle.
setɛl

3 C'est moi.
se mwa

4 C'est nous.
se nu

PAGE 3

1 C'est lui.
se lɥi

2 C'est elle.
setɛl

3 C'est vous.
se vu

4 C'est nous.
se nu

PAGE 4

1 C'est moi.
sɛ mwa

2 C'est lui.
sɛ lɥi

Je suis ici.
ʒə sɥizisi

Il est là-bas.
ilɛ labɑ

3 C'est elle.
sɛtɛl

4 Elle est là-bas.
ɛlɛ labɑ

Elle est ici.
ɛlɛtisi

PAGE 5

1 Il est ici.
ilɛtisi

2 Il est là-bas.
ilɛ labɑ

3 Ils sont ici.
il sɔ̃tisi

4 Ils sont là-bas.
il sɔ̃ labɑ

PAGE 6

1 Vous êtes là-bas.
vuzɛt labɑ

2 Vous êtes là-bas.
vuzɛt labɑ

3 Vous êtes ici.
vuzɛtzisi

4 Nous sommes ici.
nu sɔmzisi

PAGE 7

1 C'est un garçon.
sɛtœ̃ garsɔ̃

2 C'est une petite fille.
sɛtyn pətitfij

3 Ce garçon est ici.
səgarsɔ̃ ɛtisi

4 Ce garçon est là-bas.
səgarsɔ̃ ɛlabɑ

PAGE 8

1 Cette petite fille est ici.
sɛt pətitfij ɛtisi

2 Cette petite fille est là-bas.
sɛt pətitfij ɛlabɑ

3 Ces garçons sont ici.
sɛgarsɔ̃ sɔ̃tisi

4 Ces petites filles
sɛpətitfij
sont là-bas.
sɔ̃labɑ

PAGE 9

1 C'est un homme.
sɛtœ̃nɔm
Cet homme est ici.
sɛtɔmɛtisi
Il est ici.
ilɛtisi

2 Cet homme est là-bas.
sɛtɔmɛlabɑ
Il est là-bas.
ilɛ labɑ

3 C'est une femme.
sɛtynfam
Cette femme est ici.
sɛtfamɛtisi
Elle est ici.
ɛlɛtisi

4 Cette femme est là-bas.
sɛtfamɛlabɑ
Elle est là-bas.
ɛlɛlabɑ

PAGE 10

1 C'est une table.
sɛtyntabl
La table est ici.
latablɛtisi
Elle est ici.
ɛlɛtisi

2 La table est là-bas.
latablɛlabɑ
Elle est là-bas.
ɛlɛlabɑ

3 C'est un chapeau.
sɛtœ̃ʃapo

4 C'est une main.
sɛtynmɛ̃
C'est le pouce.
sɛlpus
Ce sont les doigts.
səsɔ̃ lɛdwa

PAGE 11

1 **C'est une tête.**
setyntɛt

2 **C'est un chapeau.**
sɛtœ̃ʃapo

C'est ma tête.
sematɛt

C'est mon chapeau.
se mɔ̃ʃapo

J'ai une tête.
ʒe yntɛt

J'ai un chapeau.
ʒe œ̃ʃapo

3 **J'ai mon chapeau**
ʒe mɔ̃ʃapo

4 **J'ai mon chapeau**
ʒe mɔ̃ʃapo

à la main.
alamɛ̃

sur la tête.
syrlatɛt

PAGE 12

1 **J'ai un chapeau.**
ʒe œ̃ʃapo

2 **Il a un chapeau.**
ila œ̃ʃapo

C'est mon chapeau.
sɛ mɔ̃ʃapo

C'est son chapeau.
sɛ sɔ̃ʃapo

J'ai mon chapeau
ʒe mɔ̃ʃapo

Il a son chapeau
ila sɔ̃ʃapo

à la main.
alamɛ̃

à la main.
alamɛ̃

3 **Il a son chapeau**
ila sɔ̃ʃapo

4 **Elle a son chapeau**
ɛla sɔ̃ʃapo

sur la tête.
syrlatɛt

à la main.
alamɛ̃

PAGE 13

1 Vous avez un chapeau.
vuzavezœ̃ʃapo

C'est votre chapeau.
sɛ vɔtr ʃapo

Il est sur la table.
ilɛ syrlatabl

2 Ce sont vos chapeaux.
səsɔ̃ voʃapo

Ils sont sur la table.
ilsɔ̃ syrlatabl

3 J'ai deux mains.
ʒe dømɛ̃

C'est la main droite.
sɛlamɛ̃ drwat

C'est la main gauche.
sɛlamɛ̃ goʃ

4 Voici deux mains.
vwasi dømɛ̃

Voici la main droite.
vwasi lamɛ̃ drwat

Voici la main gauche.
vwasi lamɛ̃ goʃ

PAGE 14

1 Son chapeau est
sɔ̃ʃapo ɛ

sur la table.
syrlatabl

2 Il enlèvera
ilɑ̃levra

son chapeau de la table.
sɔ̃ʃapo dlatabl

3 Il enlève
ilɑ̃lɛv

son chapeau de la table.
sɔ̃ʃapo dlatabl

4 Il a enlevé
ila ɑ̃lve

son chapeau de la table.
sɔ̃ʃapo dlatabl

PAGE 15

1 Il mettra son chapeau
il mɛtra sɔ̃ʃapo

sur sa tête.
syrsatɛt

2 Il met son chapeau
ilmɛ sɔ̃ʃapo

sur sa tête.
syrsatɛt

PAGE 15

3 Il a mis son chapeau
ilami sɔ̃ʃapo

sur sa tête.
syrsatɛt

4 Son chapeau était
sɔ̃ʃapo etɛ

sur la table.
syrlatabl

Il était sur la table.
iletɛ syrlatabl

Il est sur sa tête.
ilɛ syrsatɛt

PAGE 16

1 Il enlèvera son chapeau.
ilɑ̃lɛvra sɔ̃ʃapo

2 Il enlève son·chapeau.
ilɑ̃lɛv sɔ̃ʃapo

3 Il a son chapeau
ila sɔ̃ʃapo

à la main.
alamɛ̃

Il était sur sa tête.
iletɛ syrsatɛt

4 Il a enlevé son chapeau.
ila ɑ̃lve sɔ̃ʃapo

Il a son chapeau
ila sɔ̃ʃapo

à la main.
alamɛ̃

PAGE 17

1 Voici un chapeau.
vwasi œ̃ʃapo

Voici deux chapeaux.
vwasi døʃapo

Voici une main.
vwasi ynmɛ̃

Voici deux mains.
vwasi dømɛ̃

2 Voici une table.
vwasi yntabl

Voici deux tables.
vwasi døtabl

3 Voici un homme.
vwasi œ̃nɔm

Voici trois hommes.
vwasi trwazɔm

4 Voici une femme.
vwasi ynfam

Voici trois femmes.
vwasi trwa fam

1 Voici un homme.
  vwasi œ̃nɔm
  Voici sa main.
  vwasi samɛ̃
  C'est la main de l'homme.
  sɛlamɛ̃ dəlɔm

2 Voici une femme.
  vwasi ynfam
  Voici sa main.
  vwasi samɛ̃
  C'est la main de la femme.
  sɛlamɛ̃ dəlafam

3 Voici le chapeau
  vwasi ləʃapo
  d'un homme.
  dœ̃nɔm
  Cet homme a son chapeau
  sɛtɔma sɔ̃ʃapo
  sur la tête.
  syrlatɛt
  Maintenant il a
  mɛ̃tnɑ̃ ila
  son chapeau à deux mains.
  sɔ̃ʃapo adømɛ̃

4 Voici le chapeau
  vwasi ləʃapo
  d'une femme.
  dynfam
  Elle a son chapeau
  ɛla sɔ̃ʃapo
  sur la tête.
  syrlatɛt
  Maintenant elle a
  mɛ̃tnɑ̃ ɛla
  son chapeau à deux mains.
  sɔ̃ʃapo adømɛ̃

1 Il donnera son chapeau
  ildɔnra sɔ̃ʃapo
  à l'homme.
  alɔm

2 Il donne son chapeau
  il dɔn sɔ̃ʃapo
  à l'homme.
  alɔm
  Il le donne à l'homme.
  ilədɔnalɔm

3 Il a donné son chapeau
  ila dɔne sɔ̃ʃapo
  à l'homme.
  alɔm

4 Maintenant l'homme a
  mɛ̃tnɑ̃ lɔma
  son chapeau
  sɔ̃ʃapo
  à deux mains.
  adømɛ̃

1 Cet homme donnera
  sɛtɔm dɔnra
  son chapeau à la femme.
  sɔ̃ʃapo alafam

2 Il donne son chapeau
  ildɔn sɔ̃ʃapo
  à la femme.
  alafam
  Il le donne à la femme.
  ilədɔn alafam

3 Il a donné son chapeau
  iladɔne sɔ̃ʃapo
  à la femme.
  alafam

4 Maintenant elle a
  mɛ̃tnɑ̃ ɛla
  son chapeau
  sɔ̃ʃapo
  à deux mains.
  adømɛ̃

1 Voici quatre bouteilles.
  vwasi katrəbutɛj

1 Voici une ligne mince.
  vwasi ynliɲmɛ̃s

C'est moi.

C'est vous.

C'est moi.

C'est vous.

C'est lui.

C'est elle.

C'est moi.

C'est nous.

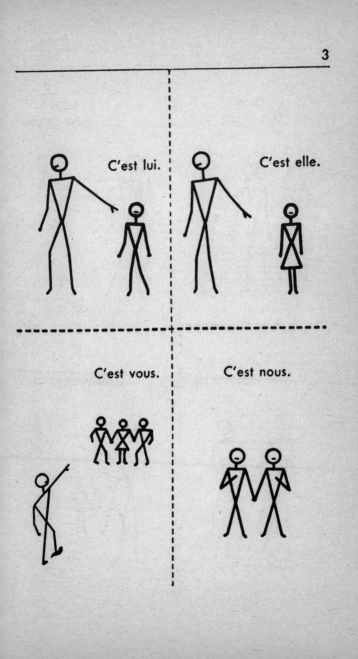

C'est lui.

C'est elle.

C'est vous.

C'est nous.

C'est moi.
Je suis ici.

C'est lui.
Il est là-bas.

C'est elle.
Elle est ici.

Elle est là-bas.

Il est là-bas.

Il est ici.

Ils sont ici.

Ils sont là-bas.

Vous êtes là-bas.

Vous êtes là-bas.

Nous sommes ici.

Vous êtes ici.

C'est un garçon.

C'est une petite fille.

Ce garçon est ici.

Ce garçon est là-bas.

Cette petite fille
est ici.

Cette petite fille
est là-bas.

Ces garçons sont ici.

Ces petites filles
sont là-bas.

C'est un homme.
Cet homme est ici.
Il est ici.

Cet homme est là-bas.
Il est là-bas.

C'est une femme.
Cette femme est ici.
Elle est ici.

Cette femme est là-bas.
Elle est là-bas.

C'est une table.
La table est ici.

La table est là-bas.

Elle est là-bas.

Elle est ici.

C'est un chapeau.

C'est une main.

C'est le pouce.

Ce sont les doigts.

C'est une tête.
C'est ma tête.

C'est un chapeau.
C'est mon chapeau.
J'ai un chapeau.

J'ai une tête.

J'ai mon chapeau
à la main.

J'ai mon chapeau
sur la tête.

J'ai un chapeau.
C'est mon chapeau.

Il a un chapeau.
C'est son chapeau.

J'ai mon
chapeau
à la main.

Il a son
chapeau
à la main.

Il a son chapeau
sur la tête.

Elle a son chapeau
à la main.

Vous avez un chapeau.
C'est votre chapeau.
Il est sur la table.

Ce sont vos chapeaux.
Ils sont sur la table.

J'ai deux mains.

Voici deux mains.

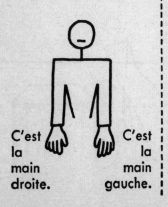

C'est
la
main
droite.

C'est
la
main
gauche.

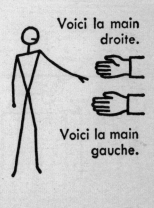

Voici la main
droite.

Voici la main
gauche.

Son chapeau est sur la table.

Il enlèvera son chapeau de la table.

Il enlève son chapeau de la table.

Il a enlevé son chapeau de la table.

Il mettra son chapeau
sur sa tête.

Il met son chapeau
sur sa tête.

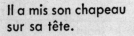

Il a mis son chapeau
sur sa tête.

Son chapeau était sur
la table.
Il était sur la table.
Il est sur sa tête.

future | *present*

Il enlèvera son chapeau. | Il enlève son chapeau.

 |

past | *passé composé*

Il a son chapeau
à la main.
Il était sur sa tête. | Il a enlevé son chapeau.
Il a son chapeau
à la main.

 |

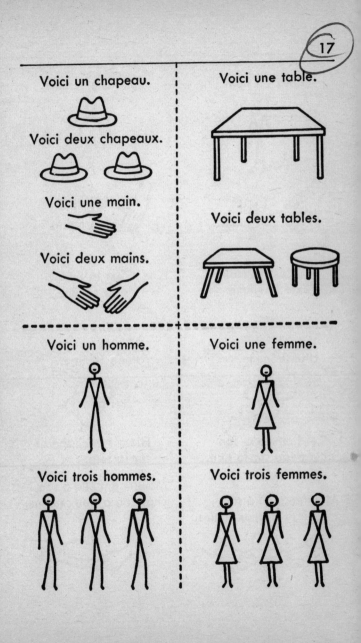

Voici un chapeau.

Voici deux chapeaux.

Voici une main.

Voici deux mains.

Voici un homme.

Voici trois hommes.

Voici une table.

Voici deux tables.

Voici une femme.

Voici trois femmes.

Voici un homme.

Voici une femme.

 Voici
sa main.

 Voici
sa main.

C'est la main
de l'homme.

C'est la main
de la femme.

Voici le chapeau
d'un homme.

Voici le chapeau
d'une femme.

Cet homme a son
chapeau sur la tête.

Elle a son chapeau
sur la tête.

Maintenant il a son
chapeau à deux mains.

Maintenant elle a son
chapeau à deux mains.

Il donnera son chapeau
à l'homme.

Il donne son chapeau
à l'homme.
Il le donne à l'homme.

Il a donné son chapeau
à l'homme.

Maintenant l'homme
a son chapeau
à deux mains.

Cet homme donnera son
chapeau à la femme.

Il donne son chapeau
à la femme.
Il le donne à la femme.

Il a donné son chapeau
à la femme.

Maintenant elle a son
chapeau à deux mains.

Cette femme mettra son chapeau sur la table.

Elle met son chapeau sur la table.
Elle le met sur la table.

Elle a mis son chapeau sur la table.

Elle avait son chapeau à la main.
Il est sur la table.

Voici un bateau.
C'est un bateau.

Voici trois bateaux.
Ce sont des bateaux.

Ce bateau est dans
la bouteille.

Ces bateaux sont
sur l'eau.

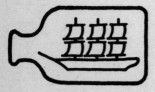

Voici l'eau.

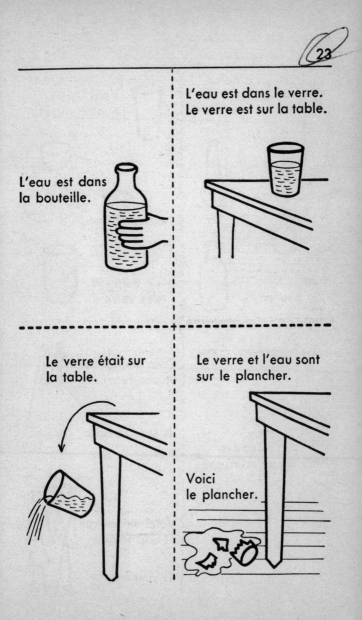

L'eau est dans le verre.
Le verre est sur la table.

L'eau est dans
la bouteille.

Le verre était sur
la table.

Le verre et l'eau sont
sur le plancher.

Voici
le plancher.

Voici
quatre bouteilles.

Voici
quatre verres.

Ce
sont
des bouteilles.

Ce sont
des verres.

Voici un oiseau et
voici un autre oiseau.

Ce sont des oiseaux.

Voilà un homme
et une femme.

Ils sont là-bas.

Voici un homme
et une femme.

Ils sont ici.

Voici un homme.

Il a deux bras.

Voici un bras.

Il a deux jambes.

Voici une jambe.

Il a deux pieds.

Voici un pied.

Voici une table.

Voici une chaise.
Elle a quatre pieds.

Cette table a
quatre pieds.

Elle a quatre pieds.

Voici les pieds
de la chaise.

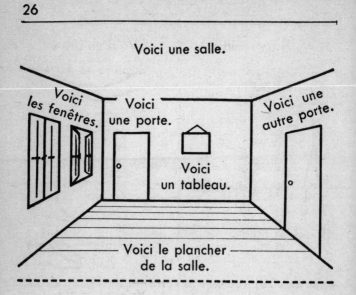

Voici une salle.

Voici les fenêtres.

Voici une porte.

Voici une autre porte.

Voici un tableau.

Voici le plancher de la salle.

Voici les fenêtres de la salle.

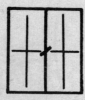

Cette fenêtre est fermée.

Cette fenêtre est ouverte.

Cette porte est ouverte.

Cette porte est fermée.

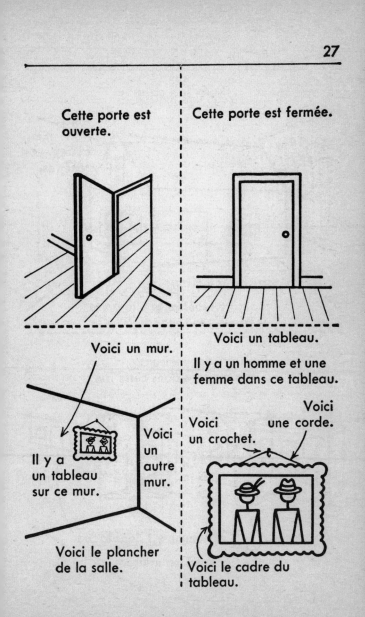

Voici un mur.

Voici un tableau.

Il y a un homme et une femme dans ce tableau.

Voici un autre mur.

Il y a un tableau sur ce mur.

Voici un crochet.

Voici une corde.

Voici le plancher de la salle.

Voici le cadre du tableau.

Voici une maison.

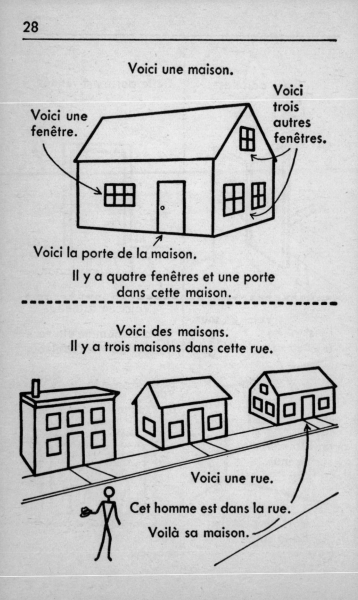

Voici une fenêtre.

Voici trois autres fenêtres.

Voici la porte de la maison.

Il y a quatre fenêtres et une porte
dans cette maison.

Voici des maisons.
Il y a trois maisons dans cette rue.

Voici une rue.

Cet homme est dans la rue.

Voilà sa maison.

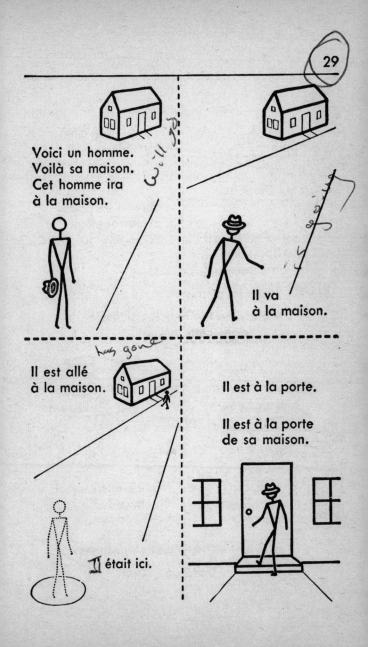

Voici un homme.
Voilà sa maison.
Cet homme ira
à la maison.

Il va
à la maison.

Il est allé
à la maison.

Il est à la porte.

Il est à la porte
de sa maison.

Il était ici.

Qu'est-ce que c'est?

C'est un chapeau.

"Qu'est-ce que c'est?"
est une question.
"C'est un chapeau,"
est une réponse.

Voici un point
d'interrogation.

?

On met un point
d'interrogation
après une question.

"Est-ce que c'est
un chapeau?"
est une question.

Voici la réponse: "Oui,
c'est un chapeau."

"Est-ce que c'est
un chapeau?"

Voici la réponse:
"Non, c'est une main."

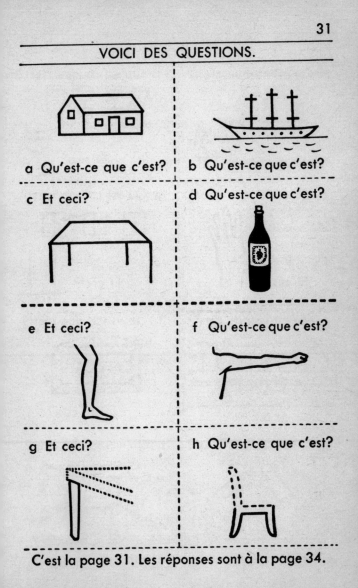

a Qu'est-ce que c'est?   b Qu'est-ce que c'est?

c Et ceci?   d Qu'est-ce que c'est?

e Et ceci?   f Qu'est-ce que c'est?

g Et ceci?   h Qu'est-ce que c'est?

C'est la page 31. Les réponses sont à la page 34.

VOICI DES QUESTIONS.

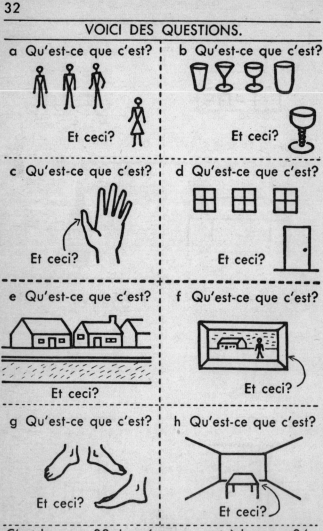

a Qu'est-ce que c'est?

Et ceci?

b Qu'est-ce que c'est?

Et ceci?

c Qu'est-ce que c'est?

Et ceci?

d Qu'est-ce que c'est?

Et ceci?

e Qu'est-ce que c'est?

Et ceci?

f Qu'est-ce que c'est?

Et ceci?

g Qu'est-ce que c'est?

Et ceci?

h Qu'est-ce que c'est?

Et ceci?

C'est la page 32. Les réponses sont à la page 34.

VOICI DES QUESTIONS.

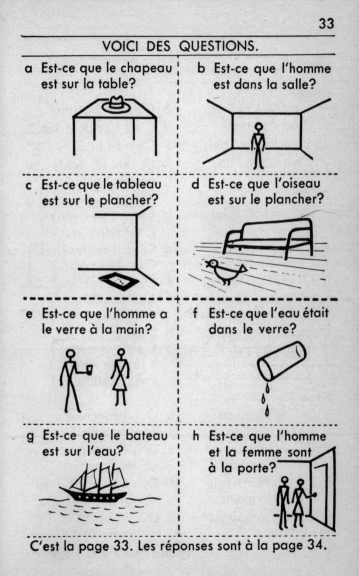

a Est-ce que le chapeau est sur la table?

b Est-ce que l'homme est dans la salle?

c Est-ce que le tableau est sur le plancher?

d Est-ce que l'oiseau est sur le plancher?

e Est-ce que l'homme a le verre à la main?

f Est-ce que l'eau était dans le verre?

g Est-ce que le bateau est sur l'eau?

h Est-ce que l'homme et la femme sont à la porte?

C'est la page 33. Les réponses sont à la page 34.

Voici les réponses aux questions:
pages 31, 32 et 33.

Page 31

a C'est une maison.

b C'est un bateau.

c C'est une table.

d C'est une bouteille.

e C'est une jambe.

f C'est un bras.

g C'est le pied de
la table.

h Ce sont les pieds
de la chaise.

Page 32

a Ce sont trois hommes
et une femme.

b Ce sont des verres.
C'est un verre.

c C'est une main.
C'est le pouce.

d Ce sont des fenêtres.
C'est une porte.

e Ce sont des maisons.
C'est une rue.

f C'est un tableau.
C'est le cadre
du tableau.

g Ce sont des pieds.
C'est un pied.

h C'est une salle.
C'est une table.
Il y a une table
dans la salle.

Page 33

a Oui, le chapeau
est sur la table.

b Oui, l'homme est
dans la salle.

c Oui, le tableau est
sur le plancher.

d Oui, l'oiseau est
sur le plancher.

e Oui, l'homme a le
verre à la main.

f Oui, l'eau était dans
le verre.

g Oui, le bateau est
sur l'eau.

h Oui, l'homme et
la femme sont
à la porte.

Qu'est-ce que c'est?
C'est une pendule.
Quelle heure est-il?
Il est une heure.

Quelle heure est-il?
Il est deux heures.
Il etait une heure.
Il sera trois heures.

Quelle heure est-il?
Il est quatre heures.
Il était trois heures.
Il sera cinq heures.

Quelle heure est-il?
Il est maintenant
six heures.
Il était cinq heures.
Il sera sept heures.

Quelle heure est-il?
Il est maintenant
huit heures.
Il était sept heures.
Il sera neuf heures.

Quelle heure est-il?
Il est maintenant
dix heures.
Il était neuf heures.
Il sera onze heures.

Quelle heure est-il?
Il est midi.
Il était onze heures.
Il sera une heure.

Voici un numéro: 3
Voici des numéros:
3, 5, 7

Voici les numéros d'un
à douze: un (une),
deux, trois, quatre,
cinq, six, sept, huit,
neuf, dix, onze, douze.

Qu'est-ce que c'est?

C'est une maison.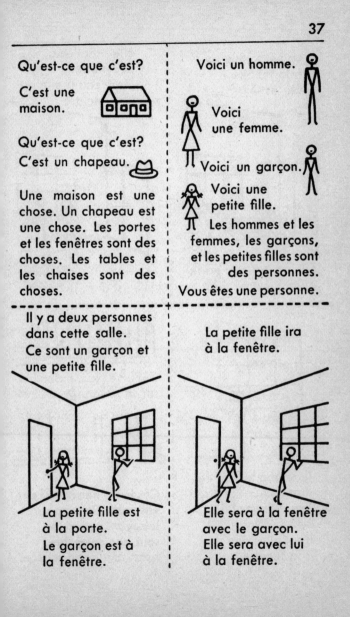

Qu'est-ce que c'est?
C'est un chapeau.

Une maison est une chose. Un chapeau est une chose. Les portes et les fenêtres sont des choses. Les tables et les chaises sont des choses.

Voici un homme.

Voici une femme.

Voici un garçon.

Voici une petite fille.

Les hommes et les femmes, les garçons, et les petites filles sont des personnes.

Vous êtes une personne.

Il y a deux personnes dans cette salle.
Ce sont un garçon et une petite fille.

La petite fille ira à la fenêtre.

La petite fille est à la porte.
Le garçon est à la fenêtre.

Elle sera à la fenêtre avec le garçon.
Elle sera avec lui à la fenêtre.

La petite fille va
à la fenêtre.
Où est-elle?

Elle est allée à
la fenêtre.
Maintenant elle est
à la fenêtre.

Elle est entre la porte
et la fenêtre.

Elle est avec le garçon.

Ils sont à la fenêtre
ensemble.
Elle est avec lui
à la fenêtre.
Il est avec elle
à la fenêtre.

Ces livres sont ensemble
sur le rayon.

Ces livres ne sont pas
ensemble. Ils sont sur
le rayon, mais ils ne
sont pas ensemble.

Le garçon et la petite fille iront de la fenêtre à la porte.

Ils sont à la fenêtre.
Ils ne sont pas à la porte.

Ils vont de la fenêtre à la porte.
Ils étaient à la fenêtre.

Ils sont allés de la fenêtre à la porte.

Ils sont allés ensemble à la porte.

Ils sont maintenant à la porte ensemble.
Le garçon est avec la petite fille à la porte.

Ils ne sont pas à la fenêtre.

Voici la tête d'un homme.

Voilà la tête d'une femme.

Voici les yeux.

Voici l'oeil droit.

Voici l'oeil gauche.

Les yeux sont dans la tête.

Cette femme a les yeux ouverts.

Cette femme a les yeux fermés.

J'ai les yeux ouverts.
Je vois.
Elle a les yeux fermés.
Elle ne voit pas.

Elle a les yeux ouverts
maintenant.
Elle voit.
Qu'est-ce qu'elle voit?
Elle me voit.

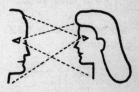

J'ai les yeux ouverts.
Elle ne me voit pas.

Je la vois.

Elle a les yeux ouverts.

Elle a les yeux fermés.

Elle voit.
Elle avait les yeux
fermés.
Elle ne voyait pas.

Elle avait les yeux
ouverts.
Elle voyait.
Qu'est-ce qu'elle
voyait?

Elle ne me voyait pas.

Elle me voyait.

Un homme a deux yeux.
J'ai deux yeux.

Voici mes yeux.

Un homme a un nez.
J'ai un nez.

Un homme a une
bouche.
J'ai une bouche.

Voici ma bouche.

Voici mon nez.

Cet homme a la
bouche ouverte.
Il dit: "ouvert."

Il a la bouche
fermée.
Il dira: "ouvert."

Il a la bouche fermée.

Il dit "ouvert"
maintenant.

Il a dit: "ouvert."

Il ne dit rien.

Maintenant il a la
bouche fermée.
Il ne dit rien.

Voici trois livres.

Ils sont sur le rayon.

Ces deux livres-là
sont sur le rayon.

Ce livre est entre les
deux autres livres.

J'ai ce livre-ci à
la main maintenant.
Il était sur le rayon.
Il était entre les deux
autres livres sur
le rayon.

Voici les pages du livre.

Voici les doigts de
ma main.

Ce livre est ouvert.

Ce
doigt-ci
est entre
ces deux autres
doigts de ma main.

Mon nez est entre
mes yeux.

Il est entre mes yeux
et ma bouche.

Ma bouche est sous
mon nez.

Mon nez est au-dessus
de ma bouche.

La lumière est au-dessus
de la table.

Le chien est sous
la table.

Voici une pendule.

Elle est sur le mur.
Elle est au-dessus
des rayons de livres.

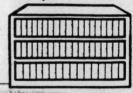

Les rayons de livres
sont sous la pendule.

Voici les cheveux
d'un homme.

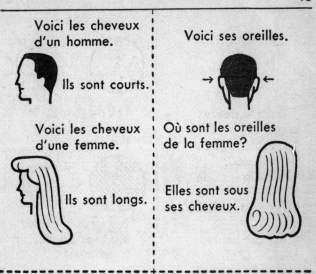

Ils sont courts.

Voici ses oreilles.

→   ←

Voici les cheveux
d'une femme.

Ils sont longs.

Où sont les oreilles
de la femme?

Elles sont sous
ses cheveux.

Voici la tête d'un
homme.

Voici sa figure.
Ses yeux, son nez,
et sa bouche
sont des parties
de sa figure.

Voici une pendule.

Elle a deux aiguilles.

Voici la grande
aiguille.

Voici la petite
aiguille.

Où est la petite
aiguille?
La petite aiguille
est sur dix.
Où est la grande
aiguille?
La grande aiguille est
sur un.
Il est dix heures
cinq. (10ʰ5)

Les deux aiguilles
sont sur douze.
Il est midi.

Les deux aiguilles
sont sur douze.
Il est minuit.

La grande aiguille
de la pendule
est entre un et deux.
Deux est entre un
et trois.
Trois est après deux
et deux est après un.

J'ai ce livre à la main.
Il était sur le rayon
avec les autres livres.
Il était sur le rayon
entre les autres livres.

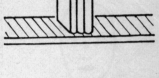

J'ai ce livre à la main.
Je l'ai à la main.
Je le mets entre les
deux autres livres.
Alors il sera entre les
deux autres livres.

Il est maintenant
sur le rayon.
Je l'avais à la main.
Je ne l'ai pas à la main.
Où est-il?

Voici une salle.

Qu'est-ce que vous
voyez dans la salle?
Est-ce que vous voyez
le plancher et les trois
murs de la salle? Est-ce
que vous les voyez?
Est-ce que vous voyez
une porte et deux
fenêtres?

Est-ce qu'une des
fenêtres est ouverte?
Est-ce que l'autre
fenêtre est fermée?
Est-ce que vous voyez
deux chaises et les
rayons de livres entre
les chaises?
Est-ce que vous voyez
la pendule au-dessus
des rayons de livres?
Oui, je les vois. Ils sont
dans la salle. La salle
est dans une maison.

Voici une figure.
Les yeux, le nez et
la bouche sont des
parties de la figure.
Où sont les yeux?
Où est le nez?
Où est la bouche?

Voici des mains.
Où est la main gauche?
Où est la main droite?
Où sont les pouces?
Où sont les doigts?

Voici un homme.
Où sont ses bras?
Où sont ses mains?
Où sont ses jambes?
Où sont ses pieds?

Voici sa tête.

Voici ses bras.

Voici ses jambes.

Voici ses pieds.

Voici une femme.

Voici sa tête.

Voici ses bras.

Voici ses jambes.

Voici ses pieds.

La tête, les bras,
les jambes et les pieds
sont des parties
du corps.

Il a un corps.

Elle a un corps.

Les hommes, les
femmes, les garçons et
les petites filles ont
un corps.

Le bébé a
un corps.

Le chien a un corps.

Voici sa queue.

Il a quatre pattes,
une tête et une queue.
Il n'a pas de bras.
Il n'a pas de mains,
mais il a des pattes.
Sa tête, ses pattes et
sa queue sont des
parties de son corps.

Voici la tête d'un chien.
Ce n'est pas son corps.

Où sont ses yeux?
Où sont ses oreilles?
Où est son nez?

Voici un pied.

Voici les doigts.

Ce sont des parties
du pied.

Voici un doigt
du pied.

Voici une jambe.

Voici le genou.

C'est une partie
de la jambe.

Nos jambes sont des
parties de notre corps.

 Voici un cou.

C'est une partie
de notre corps.
Il est sous la tête.
La partie du corps
qui est sous la tête
est le cou.

Voici la tête
d'un homme.

Voici le menton.
Il est sous la bouche.
C'est une partie
de la figure.
La partie de la figure
qui est sous la bouche
est le menton.

La tête, les bras et les jambes sont des parties du corps d'un homme.

Voici son cou.

Voici sa poitrine.

La partie qui est entre les bras est la poitrine.

Cet homme met le doigt sur le menton.

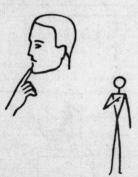

Cet homme met la main sur la poitrine.

Ce bébé est à genoux.

Ce bébé n'est pas à genoux.

Ce bébé est debout.

Ce bébé n'est pas debout.

OU EST LE CHIEN?

Les réponses à ces questions sont à la page 56.

QU'EST-CE QUE VOUS VOYEZ?

Les réponses à ces questions sont à la page 56.

QU'EST-CE QU'IL DIT?

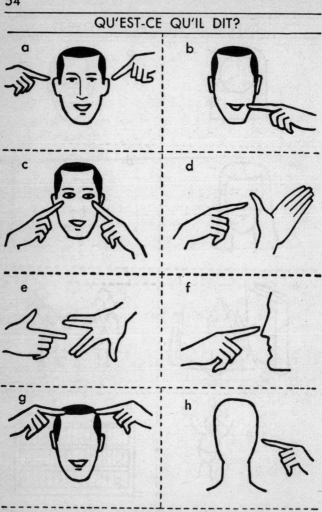

Les réponses à ces questions sont à la page 57.

QU'EST-CE QUE VOUS VOYEZ?

a

b

c

d

Les réponses à ces questions sont à la page 57.

Voici les réponses aux questions: pages 52, 53.

Page 52

a Le chien est dans une salle.

b Il est à la porte.

c Il est à la fenêtre.

d Il est sous la chaise.

e Il est sous la table.

f Il est sur la table.

g Il est entre la table et la chaise.

h Il est sur la chaise.

Page 53

a Je vois une pendule. Il est quatre heures.

b Je vois la figure d'un homme.

c Je vois la figure d'une femme.

d Je vois un bébé. Il est à genoux.

e Je vois deux livres. Un livre est ouvert. L'autre (livre) est fermé.

f Je vois deux petites filles. L'une donne un livre à l'autre.

g Je vois un bébé. Il est debout.

h Je vois des rayons de livres. Je vois des livres sur les rayons.

Voici les réponses aux questions: pages 54, 55.

Page 54

a Il dit: "Voici mes oreilles."

b Il dit: "Voici ma bouche."

c Il dit: "Voici mes yeux."

d Il dit: "Voici mon pouce."

e Il dit: "Ce doigt-ci est entre ces autres doigts."

f Il dit: "Voici mon nez."

g Il dit: "Ce sont mes cheveux."

h Il dit: "Voici ma tête."

Page 55

a Je vois un garçon et une petite fille. Ils sont à la fenêtre.

b Je vois une pendule sur une table.

c Je vois une salle. Il y a deux chaises dans la salle. Il y a deux fenêtres et une porte dans la salle. Une fenêtre est ouverte. L'autre fenêtre est fermée. La porte de la salle est ouverte. Il y a un tableau sur le mur.

d Je vois un homme. Il a un doigt sous le menton. Il a un oeil ouvert. Il a l'autre oeil fermé. Il a la bouche fermée. Il n'a pas de cheveux sur la tête.

Qui est-ce?
C'est Jean Duval.
Son nom est Jean Duval.
Où est Jean Duval?
Il est à la porte de
sa maison.

Il met la main
dans sa poche.

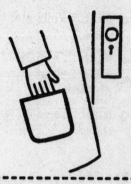

Il a une clef
à la main.

Sa clef était
dans sa poche.

Voici une clef.

Voici deux autres clefs.

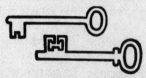

Il mettra la clef
dans la serrure.

Il met la clef
dans la serrure.

Il tourne la clef.

Il pousse la porte.
La porte est ouverte
maintenant.

Jean a enlevé la clef
de la serrure.
Il la met dans sa poche.
Il entrera dans la
maison.

Il entre dans la maison.

Il est entré dans la
maison.
Il est dans la maison.
La porte est fermée.

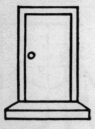

Voici une salle dans
la maison.
Jean n'est pas dans
la salle maintenant.
Il entrera dans la salle.

Il viendra par cette
porte.

Il entre dans la salle.
Il vient par la porte
ouverte.
Il ira à la table.

Monsieur Duval est
entré dans la salle.

Il est allé à la table.
Il tient son chapeau à
la main.

hold

Il mettra son chapeau
sur la table.

Monsieur Duval est venu
par la porte ouverte.

Elle est dans la maison,
mais elle n'est pas
dans la salle.
Elle est dans une autre
salle de la maison.

Est-ce que Madame
Duval est dans la salle?
Non, elle n'est pas
encore venue.

Qui est-ce?
C'est Marie Duval.
C'est Madame Duval.
Son nom est
Marie Duval.

Cette salle a deux portes.
Voici une des portes de la salle.

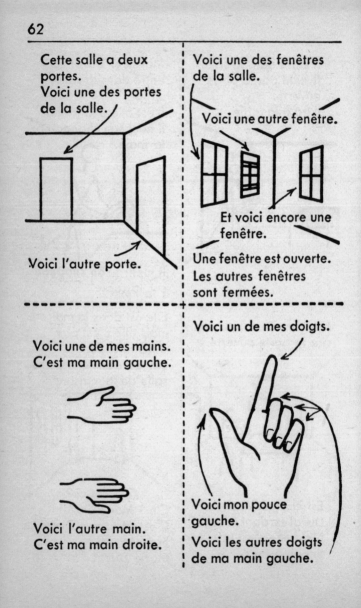

Voici l'autre porte.

Voici une des fenêtres de la salle.

Voici une autre fenêtre.

Et voici encore une fenêtre.

Une fenêtre est ouverte.
Les autres fenêtres sont fermées.

Voici une de mes mains.
C'est ma main gauche.

Voici l'autre main.
C'est ma main droite.

Voici un de mes doigts.

Voici mon pouce gauche.

Voici les autres doigts de ma main gauche.

Madame Duval était dans la salle, mais elle n'est pas dans la salle maintenant. Elle est sortie de la salle.

Monsieur Duval est dans la salle.
Il est entré dans la salle.

Elle est sortie par cette porte.

Il est entré par cette porte.
Il tient son chapeau à la main.

Monsieur Duval met son chapeau sur la table.

Il a mis son chapeau sur la table.

Le chapeau est sur la table maintenant.

Il sortira de la salle par cette porte.

Monsieur Duval est sorti de la salle par cette porte.

Marie entre dans la
salle.

Le chapeau est sur
la table.
Elle va à la table.

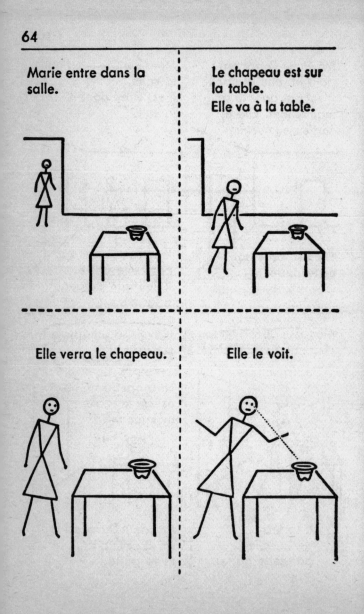

Elle verra le chapeau.

Elle le voit.

Elle prendra le chapeau.

Elle le prend.

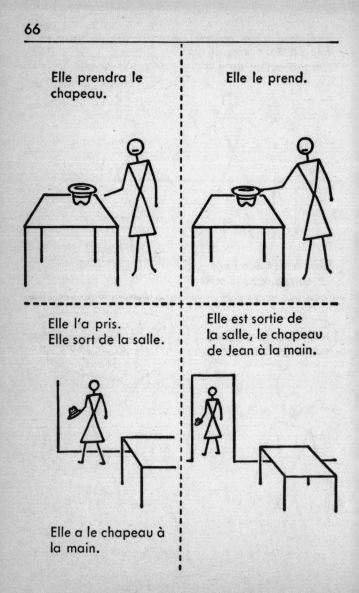

Elle l'a pris.
Elle sort de la salle.

Elle est sortie de la salle, le chapeau de Jean à la main.

Elle a le chapeau à la main.

Elle est dans une autre
salle maintenant.

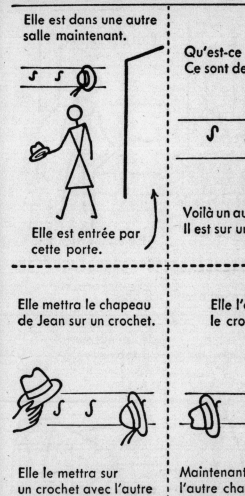

Elle est entrée par
cette porte.

Qu'est-ce que c'est?
Ce sont des crochets.

Voilà un autre chapeau.
Il est sur un crochet.

Elle mettra le chapeau
de Jean sur un crochet.

Elle l'a mis sur
le crochet.

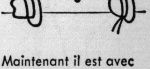

Elle le mettra sur
un crochet avec l'autre
chapeau.

Maintenant il est avec
l'autre chapeau.
L'autre chapeau est un
des chapeaux de Marie.

Il est entré dans la salle.
Il va à la table.

Jean entre dans la salle
de nouveau.
Il vient par la porte
ouverte.

Il y est maintenant.

Le chapeau n'est pas
sur la table.

Il dit:

Où est mon chapeau?
Je l'ai mis sur
la table.

Où est mon chapeau?
Je ne l'ai pas sur la
tête. Il n'y est pas.

Il n'y est pas.

Où est-il? Marie, où
est mon chapeau? Où
êtes-vous, Marie?

Voici Marie.
Elle entre dans la salle.
Elle dit: "Me voici."

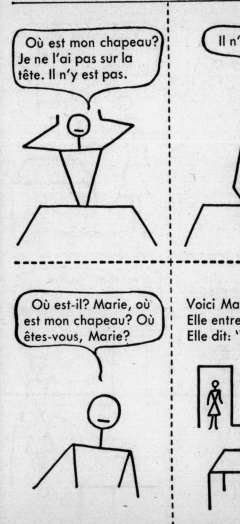

Où est votre chapeau?
Vous l'avez mis sur la table. Il était sur la table.
Je l'ai pris. Je l'ai mis dans l'autre salle.
Il est dans l'autre salle. Il est sur un crochet. Il est accroché dans l'autre salle.

Jean dit: "Je prendrai
mon chapeau."

Il le prend.

Est-ce qu'il l'a pris?
Oui, il l'a pris.

Il est sorti de la salle.

Quand il a vu le
chapeau il l'a enlevé
du crochet.

Il est entré dans la
salle de nouveau,
le chapeau à la main.
Il l'a pris.

Il donne le chapeau
à Marie.

Voyez ce qui est
dans le chapeau,
Marie!

Qu'est-ce qu'il y a
dans le chapeau?
Marie verra ce qui est
dans le chapeau.

Qu'est-ce qu'elle
enlève du chapeau?

Qu'est-ce qu'elle tient
à la main?
C'est un billet.
C'est de l'argent.

Voyez-vous?

Elle voit un billet.

Qu'est-ce qu'elle voit?
Elle voit un billet de
dix mille francs.

Où était le chapeau?
Il était sur la table.

Elle a le billet à la main.
Il était dans le chapeau.

Qu'est-ce qu'elle a vu?
Elle a vu le chapeau.
Elle n'a pas vu le billet.

Elle a mis le chapeau
dans l'autre salle.
Jean y est allé le
prendre.

Est-ce qu'elle voit
le billet maintenant?
Oui, elle le voit.

Qui l'a pris?
Jean l'a pris.

Oh, Jean!
Qu'est-ce que
c'est?

J'étais dans la rue.

Le vent a enlevé mon chapeau.

Mon chapeau était dans la rue.

Quand je l'ai soulevé, l'argent y était.

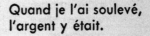

L'argent était sous le chapeau.

Le vent a soulevé mon chapeau.
Il est en l'air.

Le chapeau était sur le billet.

Il était en l'air.
Il est par terre maintenant.

Il est sur le billet.
Le billet est sous le chapeau.

Qu'est-ce que Jean fait?
Jean prend la bouteille.
La bouteille est sur le rayon.

Il a pris la bouteille de vin sur le rayon.

C'est une bouteille de vin.

Il tirera le bouchon avec un tire-bouchon.

Il tire le bouchon.

Il met le vin dans des verres à vin.
Il y a du vin dans un des verres.

Le tire-bouchon

Le bouchon

Il a tiré le bouchon avec un tire-bouchon.

Il n'y a pas de vin dans l'autre verre.

Marie tient un plateau.
Sur le plateau il y a
deux assiettes de
soupe.

Jean mettra les chaises
près de la table.

Marie est assise sur sa
chaise à table.
Elle n'est pas debout.

Jean est assis
maintenant.
Il n'est pas debout.

Ils sont à table.

Jean est debout.

Ils prennent leur verre.

Jean a son verre à la main.

Maintenant ils ont leur verre à la main.

Marie a son verre à la main.

Ils prennent leur vin.

Ils ont leur verre à la main.

Maintenant ils prennent leur soupe.
Ils ont leur cuillère à la main.

Ils avaient leur verre à la main.

Qu'est-ce que nous achèterons avec notre argent?

Qu'est-ce que vous achèterez?

J'achèterai une robe neuve.

Cette robe est neuve.

Cette robe est vieille.

Et qu'est-ce que vous achèterez?

J'achèterai une pipe neuve.

Cette pipe est neuve.

Cette pipe est vieille.

Marie achète la robe neuve. Elle est dans un magasin. L'autre femme tient deux robes à la main.

Voici le magasin.

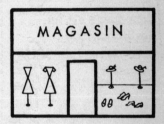

MAGASIN

Il y a des robes et des chapeaux et des souliers dans le magasin.

Voici des souliers. Ce sont des souliers de femme.

Un bas   Un bas

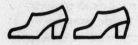

Voici des bas.

Voici des gants. Les robes et les bas et les souliers et les gants sont des vêtements de femme.

La pomme est sur
la branche de
l'arbre.

Elle est au-dessus de la
tête de la petite fille.
Elle prendra la pomme
qui est sur la
branche.
Elle la prendra là-haut.

Elle a levé la
main. Elle a pris
la pomme. Elle
tient la pomme
à la main. Elle a
pris la pomme
qu'elle tient à
la main. Elle la
tient maintenant
à la main. Elle
la met dans
son panier.

Elle a mis la pomme
dans son panier. Elle
la tenait à la main
avant de la mettre
dans le panier.

Elle a pris la pomme.
Avant de prendre la
pomme elle a levé la
main. La pomme était
là-haut sur la branche
de l'arbre. Maintenant
elle est dans le panier
qui est par terre.

Quand est-ce que
la pomme était sur
la branche?

Elle était sur la branche
quand elle était au-
dessus de la tête de la
petite fille. Elle était
sur la branche avant
d'être dans le panier.
Alors elle était sur
la branche.

Quand est-ce qu'elle a
pris la pomme?

Elle l'a prise après
avoir levé la main.
Alors elle l'a prise.

Quand est-ce qu'elle a
mis la pomme dans
le panier?

Après avoir pris la
pomme elle l'a mise
dans le panier.

Quand est-ce qu'elle
avait la pomme à
la main?

Après avoir pris la
pomme et avant de
la mettre dans le
panier elle l'avait à
la main.

Voici une boîte.

Voici le devant de la boîte.

Voici une maison.

Voici le devant de la maison.

Voici la porte de devant.

C'est la porte d'entrée.

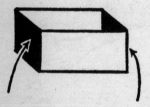

Voici les côtés de la boîte.

Voici un veston.

Voici le devant du veston.

Voici les manches du veston.

sleeves

On met les bras dans les manches.

Voici le col du veston.

Voici le dos du veston.

back

Voici des pantalons.

Voici des chaussettes.

Voici une chemise.

Voici des souliers d'homme.

Les pantalons, les chaussettes, les chemises et les souliers d'homme sont des vêtements d'homme.

Voici des vêtements d'homme.

Qui est-ce?
C'est Madame Duval.
C'est Marie Duval.
"Marie Duval" est
son nom.

Qu'est-ce que c'est?
Qu'est-ce qu'elle tient
à deux mains?
C'est un plateau.

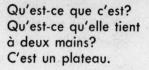

Elle tient un plateau
à deux mains.

Elle porte le plateau
vers la table. Elle le
mettra sur la table.

Elle a porté le plateau
à la table. Elle le met
sur la table maintenant.

Elle a mis le plateau
sur la table.
Elle le tenait à deux
                  mains.

Voici le plateau.

Il est sur la table
maintenant.

Qu'est-ce qu'il y a
sur le plateau?

Voici des verres.

Qu'est-ce que c'est?
Ce sont des
fourchettes.

Qu'est-ce que c'est?
C'est un
couteau.

Qu'est-ce que c'est?
Ce sont deux
autres couteaux.

Qu'est-ce que c'est?
Ce sont des
cuillères.

Qu'est-ce que c'est?
C'est une autre
cuillère.

Qu'est-ce que c'est?
C'est une
assiette.

Voici trois autres
assiettes.

Madame Duval enlève un couteau et une fourchette du plateau. Elle les tient à la main.

Elle les met sur la table.

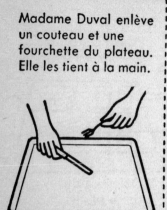

Maintenant elle met les assiettes sur la table.

Elle a mis les couteaux et les fourchettes et les cuillères et les assiettes et les verres sur la table.

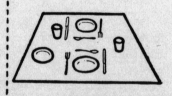

Elle a mis la table.

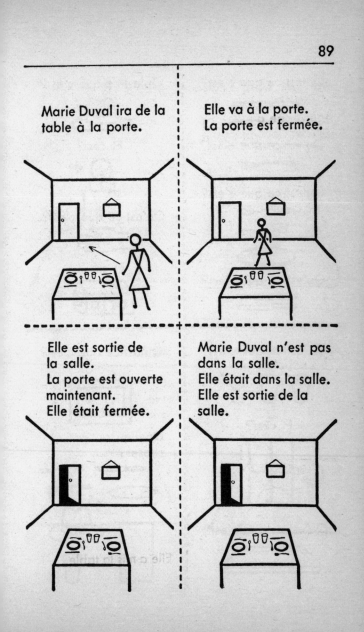

Marie Duval ira de la table à la porte.

Elle va à la porte. La porte est fermée.

Elle est sortie de la salle. La porte est ouverte maintenant. Elle était fermée.

Marie Duval n'est pas dans la salle. Elle était dans la salle. Elle est sortie de la salle.

Qu'est-ce que c'est?

C'est un couteau.

Qu'est-ce que c'est?

Qu'est-ce que c'est?

Et ceci?

Qu'est-ce que c'est?

Qu'est-ce que c'est?

Qu'est-ce que c'est?

Et ceci?

Qu'est-ce que c'est?

Et ceci?

Qu'est-ce que c'est?

Et ceci?

Qu'est-ce que c'est?

Qu'est-ce que c'est?

Quelles sont ces choses?

Qu'est-ce que c'est?

Marie fait la soupe.

Voici une assiette de soupe.

Elle fait la soupe avec du lait et des pommes de terre.

Voici des pommes de terre.

Voici une bouteille de lait.
C'est du lait de vache.

Voici une vache.

Une vache est un animal.

Les vaches sont des animaux. Voici d'autres animaux.

un cochon

un mouton

un cheval

Les vaches donnent le lait. Marie met du lait dans une tasse.

Marie tient une pomme
de terre à la main.

Elle enlève la pelure
avec un couteau.

Les pommes de terre
sont des légumes.

Les voici dans la terre.
Voici une fourche.
On enlève les pommes
de terre de la terre
avec une fourche.

Voici une plante.

Voici une fleur.

Voici des
feuilles.

Voici des
fruits.

Voici une
branche.

Voici une tige.

Voici des
racines.

Voici trois légumes
et une racine.
Ces légumes sont
aussi des racines.

Marie fait la soupe.

Voici la casserole.

Voici le couvercle de la casserole.

Elle fera la soupe dans cette casserole.

Elle a mis les pommes de terre dans la casserole. L'eau dans la casserole est bouillante.

Voici une flamme.

Voici la vapeur.

La casserole est au-dessus de la flamme. La flamme est sous la casserole.

Cette eau est bouillante.
La vapeur sort de l'eau bouillante.

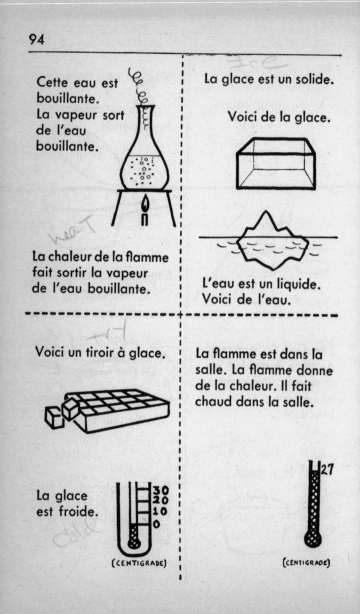

La chaleur de la flamme fait sortir la vapeur de l'eau bouillante.

La glace est un solide.

Voici de la glace.

L'eau est un liquide.
Voici de l'eau.

Voici un tiroir à glace.

La flamme est dans la salle. La flamme donne de la chaleur. Il fait chaud dans la salle.

La glace est froide.

30
20
10
0
(CENTIGRADE)

27
(CENTIGRADE)

Voici un oiseau.
Il est sur un arbre.

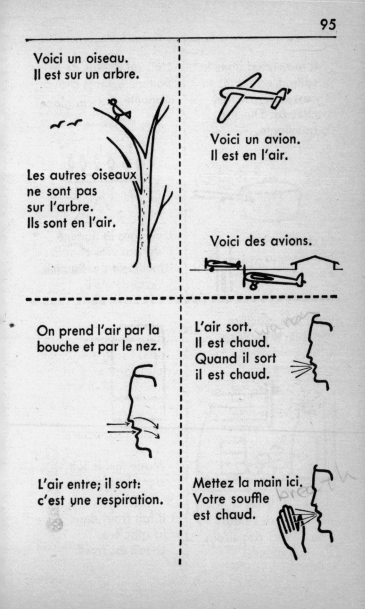

Voici un avion.
Il est en l'air.

Les autres oiseaux
ne sont pas
sur l'arbre.
Ils sont en l'air.

Voici des avions.

On prend l'air par la
bouche et par le nez.

L'air sort.
Il est chaud.
Quand il sort
il est chaud.

L'air entre; il sort:
c'est une respiration.

Mettez la main ici.
Votre souffle
est chaud.

Il fait chaud dans la salle. L'eau dans la casserole est très chaude. Elle est bouillante.

L'air au-dessus de la flamme est très chaud. Il monte.

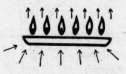

L'air sous la flamme n'est pas très chaud. Il monte vers la flamme.

212° 100°

Voici une glacière. Elle fait de la glace. Il fait froid dans la glacière.

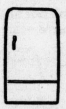

Voici la glacière.

Marie met le lait dans la glacière.

Voici du lait. Voici des oeufs. Voici des tiroirs à glace.

Il fait froid dans la glacière. Le lait est froid.

Voici une pendule.

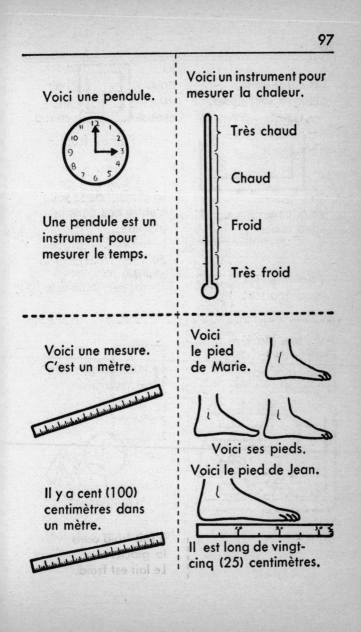

Une pendule est un
instrument pour
mesurer le temps.

Voici un instrument pour
mesurer la chaleur.

Très chaud

Chaud

Froid

Très froid

Voici une mesure.
C'est un mètre.

Il y a cent (100)
centimètres dans
un mètre.

Voici
le pied
de Marie.

Voici ses pieds.

Voici le pied de Jean.

Il est long de vingt-
cinq (25) centimètres.

Les côtés de la
glacière sont épais.

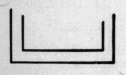

Voici une
ligne mince.

_____

Voici une ━━━━━
ligne épaisse.

Ici
l'air
est
chaud.

Ici
l'air
est
chaud.

Ici l'air est froid.

La chaleur de la salle
n'entre pas dans la
glacière.
Le lait est bon parce
qu'il fait froid dans la
glacière.

Jean tient un verre
à la main.
Il prend son lait.

Le lait est bon.
Jean est content.

Le lait n'est pas bon.
Il est mauvais.

Jean n'est pas content.

Voici de la viande.

Marie met la viande
dans la glacière.
La viande est bonne
parce qu'il fait froid
dans la glacière.

Voici du pain.

Marie ne met pas le
pain dans la glacière.

Voici du fromage.

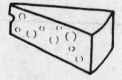

On fait le fromage
avec du lait. Les vaches
donnent le lait.

Voici du beurre.

On fait le beurre avec
du lait. Marie met le
beurre avec le lait dans
la glacière. Elle y met
le fromage aussi.

Voici des pommes.

Voici des oranges.

Les pommes et les oranges sont des fruits. Est-ce que Marie met les fruits dans la glacière?

Quelle heure est-il?

Il est cinq heures. Marie va faire la soupe.

Quelle heure est-il?

Il est cinq heures et demie (5ʰ30).
Marie fait la soupe. Les pommes de terre sont dans la casserole. L'eau dans la casserole est bouillante.

Il est cinq heures quarante. (5ʰ40)

Marie tient une fourchette à la main.

Les pommes de terre
sont dures.
La fourchette n'y
entre pas.

Il est cinq heures
cinquante. (5ʰ50)
Marie met la fourchette
dans les pommes
de terre.

Les pommes de terre
sont tendres.
La fourchette y entre.

Elle les enlève de la
casserole et les met
sur une assiette.

Les pommes de terre
sont sur l'assiette.

Marie fait une purée
de pommes de terre.
Elle y mettra du lait
et du beurre.

Elles étaient dans la
casserole.
Elles étaient dures.
Elles sont tendres
maintenant.

Les pommes de terre
ne sont pas dures
maintenant. Elles sont
tendres.

Le pain est mou
et tendre.

Le verre est dur.

La viande est molle
et tendre.

Le beurre est mou.

Jean tient un morceau
de fromage entre
les doigts.
Où sont ses doigts?

Il met le morceau
de fromage dans
sa bouche.

Voici ses mains.

Maintenant il est entre
ses dents.

Ce fromage n'est pas
mou.

Il est dur.

Voici sa bouche.

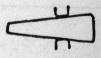

Voici une dent.

Voici ses dents.

Les dents de Jean
n'entrent pas dans
le fromage.

Marie a mis les pommes
de terre et le lait
dans la casserole.

Elle a mis la casserole
sur une flamme basse.
Elle a mis le couvercle
sur la casserole.

Voici du sel.

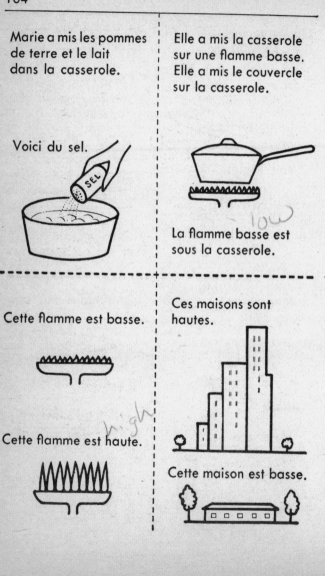

La flamme basse est
sous la casserole.

Cette flamme est basse.

Ces maisons sont
hautes.

Cette flamme est haute.

Cette maison est basse.

Quelle heure est-il?
Il est six heures.

Maintenant elle met
la soupe dans les
assiettes.

Elle était dans la
casserole.

Marie goûte la soupe.
La soupe a bon goût.
La soupe est prête.

Maintenant elle est
dans les assiettes.

Elle a fait la soupe.
Elle l'a mise dans
les assiettes.

Les assiettes sont
sur la table.

Elle les a mises sur
la table.

La soupe est prête.
C'est une bonne soupe.
Marie l'a faite.

La soupe, le lait,

les pommes de terre,

la viande, le pain,

le beurre, le fromage,

les oranges,

les pommes sont de la nourriture.

Ce sont des genres différents de nourriture.

Une pomme

Une orange

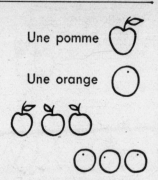

Les pommes et les oranges sont des genres différents de fruit.

Voici des genres différents de verres.

Voici des genres différents de boîtes.

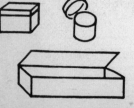

Les verres et les boîtes et les doigts et les robes et les flammes sont des choses. Ce sont des genres différents de choses.

Les vaches

et les moutons

et les cochons

et les chevaux

et les chèvres

sont des animaux.
Ce sont des genres
différents d'animaux.

Voici des genres
différents de plantes.

Voici la feuille
d'un genre de
plantes.

Voici la feuille
d'un autre genre
de plantes.

Ces paniers sont
pareils.   alike

Ceux-ci ne sont pas
pareils.
Ils sont différents.

Ceux-ci sont pareils.

Ceux-ci sont différents.

Ces assiettes sont
pareilles.

Celles-ci sont
différentes.

Ces verres sont pareils.

Ceux-ci sont différents.

Voici une femme et
un petit garçon.

Voici une femme et
une petite fille.

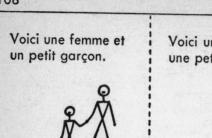

Le petit garçon est
le fils de la femme.
Elle est sa mère.
Il est son fils.

La petite fille est
la fille de la femme.
La femme est sa mère.

Voici un homme et
son fils.

Voici un homme et
sa fille.

L'homme est le père
du petit garçon.
Il est le père du
petit garçon.

Il est le père de
la petite fille.
Il est son père.
Elle est sa fille.

Le petit garçon est
le frère de la
petite fille.

La petite fille est la
soeur du petit garçon.
Elle est la soeur
du petit garçon.
Elle est sa soeur.

Il est le frère de la
petite fille.
Il est son frère.

Cet homme et cette
femme ont

Voici une jeune fille et
deux petites filles.
La jeune fille est

la soeur

 des petites filles.

deux fils

et trois filles.

Ils sont sept
dans la famille.

Voici Madame Duval,
sa fille Jeanne,
et son fils Pierre.

Ils sont à table.
Ils prennent leur soupe
aux pommes de terre.

La soupe aux pommes
de terre est épaisse.
Ce n'est pas une soupe
claire. Ce sont deux
genres différents de
soupe.

Cette eau
est
claire.
Elle est
transparente.
Quand un liquide est
transparent nous
voyons à travers.

Le lait n'est
pas un
liquide
transparent.
Nous ne voyons pas
à travers.

L'air est transparent.
Je vois les montagnes.
Quand l'air n'est pas
clair je ne les vois pas.

Cette soupe est
transparente. On voit
la cuillère à travers.

La soupe aux pommes
de terre est une
soupe épaisse.
On ne voit pas la
cuillère à travers
cette soupe.

Qui est-ce?

C'est Marie Duval.
Elle a fait la soupe.
C'est Marie qui a fait
la soupe.

Voici la soupe.
Marie l'a faite.
Voici la soupe que
Marie a faite.

Voici
le lait.
Le lait est blanc.
Maintenant la soupe
est blanche.

Voici un verre d'eau.
Il est sur
la table.
Voici un
verre d'eau
qui est sur
la table.

Voici une cuillère.
Je la tiens à la main.
Voici la cuillère que je
tiens à la main.

Voici un chien.
Il avait un os.

Voici un os.
Le chien l'avait à
la bouche.
Voici l'os que le chien
avait à la bouche.

Voici le chien qui
avait l'os.

VOICI DES QUESTIONS.

a Quelle heure est-il?

b Qu'est-ce que c'est?

c Qu'est-ce que c'est?

d Qu'est-ce que c'est?

e Qu'est-ce que c'est?

f Et ceci?

g Qu'est-ce que c'est?

h Et ceci?

Les réponses sont à la page 116.

VOICI DES QUESTIONS.

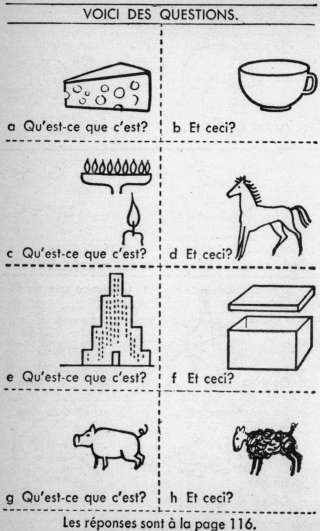

a Qu'est-ce que c'est?   b Et ceci?

c Qu'est-ce que c'est?   d Et ceci?

e Qu'est-ce que c'est?   f Et ceci?

g Qu'est-ce que c'est?   h Et ceci?

Les réponses sont à la page 116.

VOICI DES QUESTIONS.

a Voici une famille.

Qu'est-ce que vous voyez?

b Voici une plante.

Quelles parties de la plante est-ce que vous voyez?

c Voici une glacière.

Qu'est-ce que vous voyez dans la glacière?

d Voici un chien.

Quelles parties du corps du chien est-ce que vous voyez?

e Qu'est-ce que vous voyez?

f Qu'est-ce que vous voyez?

g Qu'est-ce que vous voyez?

h Qu'est-ce que vous voyez?

Les réponses sont à la page 116.

Voici les réponses aux questions: pages 113-115.

Page 113

a Il est quatre heures quarante deux (4ʰ42).

b Ce sont des pommes.

c C'est une casserole.

d Ce sont des feuilles.

e Ce sont des racines.

f C'est une bouteille de lait.

g C'est du beurre.

h C'est du pain.

Page 114

a C'est du fromage.

b C'est une tasse.

c Ce sont des flammes.

d C'est un cheval.

e C'est une haute maison.

f C'est une boîte et son couvercle.

g C'est un cochon.

h C'est un mouton.

Page 115

a Je vois un père et une mère et leur fils et leur fille.

b Je vois les racines et la tige et la fleur.

c Je vois une bouteille de lait et quatre oeufs et deux légumes.

d Je vois sa tête et ses oreilles et son nez, ses pattes et sa queue.

e Je vois un os. Il est sur le plancher. Et je vois le pied d'une table.

f Je vois deux verres à vin. Il y a du vin dans un des verres.

g Je vois une femme Elle tient sa cuillère à la main Elle goûte la soupe.

h Je vois un homme. Il tient un verre à la main. Il porte son verre à la bouche.

VOICI DES QUESTIONS.

a Où sont ces femmes?

Qu'est-ce que cette
femme tient à la main?

b Est-ce que ce sont des
vêtements d'homme?

Quels sont ces
vêtements?

c Qu'est-ce
que cette
petite fille
fait?

Où est la pomme?

d Où est-ce qu'elle
mettra la pomme?

(Voyez pages 82-83)

e Quel genre de soupe
est-ce que Marie fait?

f Quel genre d'animal
donne le lait?

g Quels fruits est-ce
que vous prenez?

h Quelles personnes
est-ce qu'il y a dans
votre famille?

Les réponses sont à la page 120.

VOICI DES QUESTIONS.

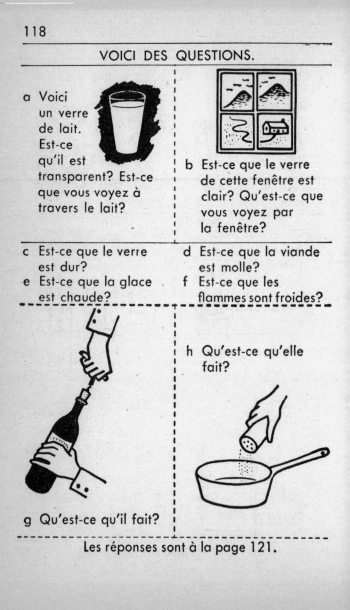

a Voici un verre de lait. Est-ce qu'il est transparent? Est-ce que vous voyez à travers le lait?

b Est-ce que le verre de cette fenêtre est clair? Qu'est-ce que vous voyez par la fenêtre?

c Est-ce que le verre est dur?

d Est-ce que la viande est molle?

e Est-ce que la glace est chaude?

f Est-ce que les flammes sont froides?

h Qu'est-ce qu'elle fait?

g Qu'est-ce qu'il fait?

Les réponses sont à la page 121.

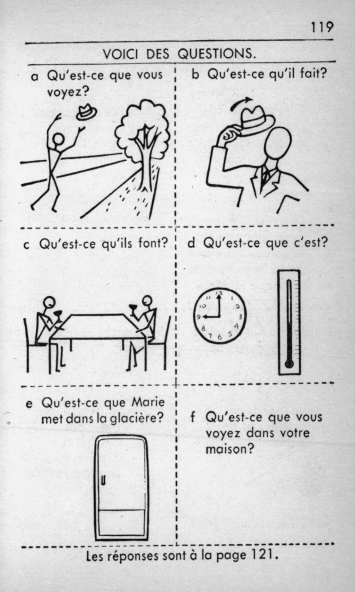

VOICI DES QUESTIONS.

a Qu'est-ce que vous voyez?

b Qu'est-ce qu'il fait?

c Qu'est-ce qu'ils font?

d Qu'est-ce que c'est?

e Qu'est-ce que Marie met dans la glacière?

f Qu'est-ce que vous voyez dans votre maison?

Les réponses sont à la page 121.

Voici les réponses aux questions: page 117.

a Elles sont dans le magasin. Elle tient deux robes à la main.

b Non, ce ne sont pas des vêtements d'homme. Ce sont des souliers et des bas et des gants.

c La petite fille lève la main. Elle prendra la pomme. Elle est sur la branche d'un arbre.

d Elle la mettra dans son panier.

e Marie fait la soupe aux pommes de terre.

f La vache donne le lait.

g Je prends des oranges et des pommes.

h J'ai un père
une mère
des frères
des soeurs
dans ma famille.

Voici les réponses aux questions: pages 118, 119.

Page 118

a Non, il n'est pas transparent. Non, je ne vois pas à travers le lait.

b Oui, le verre de la fenêtre est clair. Je vois des montagnes et une maison.

c Oui, le verre est dur.

d Oui, la viande est molle.

e Non, la glace est froide.

f Non, les flammes ne sont pas froides.

g Il tire le bouchon avec un tire-bouchon.

h Elle met du sel dans la soupe aux pommes de terre.

Page 119

a Je vois un homme. Il est dans la rue. Son chapeau est en l'air. Le vent l'a enlevé de sa tête.

b Il met son chapeau sur la tête.

c Ils sont assis à table. Ils ont leur verre à la main. Ils prennent leur vin.

d Une des deux choses est un instrument pour mesurer le temps. L'autre est un instrument pour mesurer la chaleur.

e Marie met le lait, le beurre, le fromage, les oeufs, la viande, et les fruits dans la glacière.

f Je vois des salles, des portes, des fenêtres, des tables, des chaises, des boîtes, des couteaux, des cuillères et des rayons.

A FIRST WORKBOOK
OF FRENCH

PREFACE

These workbook exercises are graded to confirm and support the sentence sequences of the preceding *French Through Pictures* text. They apply the teaching of vocabulary and structure in simple problem situations which the beginner in French can solve, stage by stage, for himself. He may then check his growing competence by the answers provided.

The workbook should be used without recourse to explanations other than the pictures and examples provided in the preceding text. Teachers using the materials with classes will get the best results if they refrain from the use of translation and bilingual dictionaries. Simple demonstration of the sentence situations presented in the book can readily be made with the help of objects and pictures. Students can be induced to act out the meaning of what they are saying when they are placed in the carefully designed situations which the text provides. Adequate study of these sentence situations will prepare them to solve these workbook problems with enjoyment.

Acknowledgments are due to Nina Lande for a large part in the design of these exercises and to Ruth Metcalf for the drawings. Also to Mrs. Ilsley and to Claude Lévy for their critical reading, and to John Wight for his assistance with grading and detail.

CHRISTINE M. GIBSON

C'est moi   C'est vous

C'est elle   C'est vous

2

C'est lui   C'est nous

C'est lui   C'est vous

C'est elle.	C'est vous.	C'est nous.
C'est moi.	C'est vous.	C'est vous.
C'est lui.	C'est lui.	

1. C'est *moi*.

   Je suis *ici*.

2. C'est *elle*.

   Elle est *là-bas*

3. Il est *là-bas*.

4. Il est *ici*.

4

5. Elle est ___ici___.   6. Ils ___sont___ là-bas.

7. Nous ___sommes___ ici.   8. Vous ___êtes___ ici.

1. C'est un *garçon* .

2. C'est une _petite fille_ .

3. ___Ce___ garçon est ici.

(Ce, Cette)

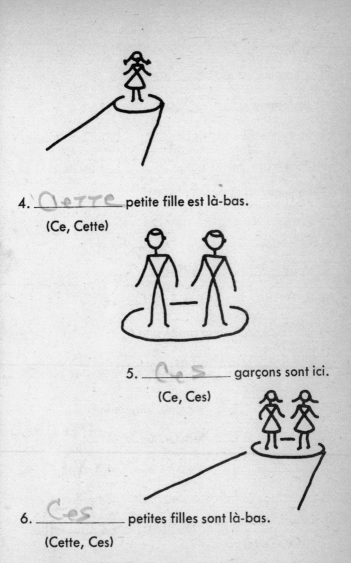

4. _Cette_ petite fille est là-bas.
   (Ce, Cette)

5. _Ces_ garçons sont ici.
   (Ce, Ces)

6. _Ces_ petites filles sont là-bas.
   (Cette, Ces)

1. L'homme est ici. ___*Il*___ est ici.

2. La femme est ici. ___*Elle*___ est ici.

3. La petite fille est là-bas. ___*Elle*___ est là-bas.

4. Le garçon est là-bas. ___*Il*___ est là-bas.

5. L'homme et la femme sont ici. ___*Ils*___ sont ici.

6. Je ___*suis*___ ici.

7. Vous ___*êtes*___ là-bas.

8. Ils ___*sont*___ là-bas.

9. C'___*est*___ une petite fille.

10. Elle ___*est*___ là-bas.

11. C'est ___*un*___ homme. (un, une)

12. C'est ___*une*___ femme. (un, une)

13. ___*Ce*___ garçon est ici. (Ce, Ces, Cette)

14. ___*Ces*___ garçons sont ici. (Ce, Ces, Cette)

15. ___*Ces*___ petites filles sont ici. (Ce, Ces, Cette)

1. C'est *une* table. (un, une)

   La table est ici. (Le, La)

   Elle est ici. (Elle, Il)

2. C'est *un* pouce. (un, une)

   C'est *mon* pouce. (ma, mon)

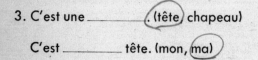

3. C'est une _____. (tête, chapeau)

   C'est _____ tête. (mon, ma)

4. C'est un _____. (table, chapeau)

   _____ chapeau est ici. (La, Le)

5. C'est _____ femme. (un, (une))

Elle _____ un chapeau. ((a), est)

Elle a _____ ((son), sa) chapeau

_____ (a, (à)) la main.

6. C'est _____ homme. ((un), une)

Il _____ un chapeau. ((a), est)

Il a _____ ((son), sa) chapeau

_____ (à, (sur)) la tête.

11

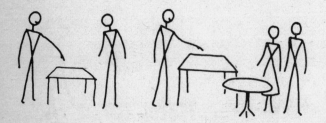

1. C'est *votre* chapeau. (votre, vos)

2. Ce sont _____ chapeaux. (votre, vos)

3. Voici _____ table. (votre, vos)

4. Ce sont _____ tables. (votre, vos)

5. C'est une _____. (main, homme)

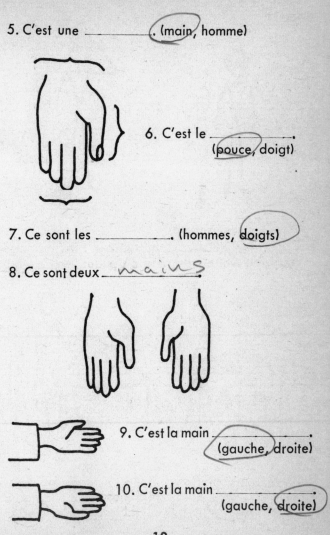

6. C'est le _____.
(pouce, doigt)

7. Ce sont les _____. (hommes, doigts)

8. Ce sont deux _mains_

9. C'est la main _____.
(gauche, droite)

10. C'est la main _____.
(gauche, droite)

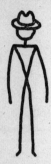

1. Il __*a*__ son chapeau   2. Il __*enlève*__ son chapeau.

sur la tête.

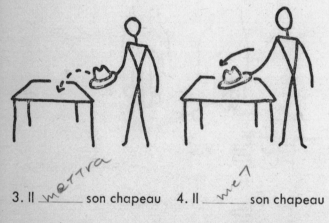

3. Il __*mettra*__ son chapeau   4. Il __*met*__ son chapeau

sur la table.   sur la table.

5. Il _a mis_ son chapeau

sur la table.

Le chapeau _était_

sur sa tête.

6. Elle _enlèvera_ le chapeau

de la table.

7. Elle a _enlevé_ le cha-

peau de la table.

Il _était_ sur la table.

Elle _a_ le chapeau

à la main.

15

sur à de

Un chapeau est _sur_ la table. Une femme enlèvera ce chapeau _de_ la table.

Maintenant elle a enlevé le chapeau _de_ la table. Elle a le chapeau _à_ la main. Il était _sur_ la table. C'est son chapeau.

Elle met le chapeau _sur_ sa tête.

Elle a mis son chapeau _sur_ la tête. Maintenant son chapeau est _sur_ la tête. Elle a enlevé son chapeau _de_ la table. Elle a mis son chapeau _sur_ sa tête. Il est _sur_ sa tête maintenant.

16

1. Voici _une_ femme; _~~est~~ Voici_ une _petite_ fille;

   elles _sont_ ici.

2. Voici _~~sont~~ deux_ chapeaux.

3. _La_ femme _a_ son _chapeau_ sur la tête.

4. La petite fille _a_ son chapeau _à_

   la main.

5. Il est _à_ la main _gauche_; il était _sur_

   la tête.

1. (ai, a, avez)

Il _____*a*_____ son chapeau.

Vous __*avez*__ votre chapeau.

Vous ____*avez*____ vos chapeaux.

J'__*ai*__ mon chapeau.

Elle _____*a*_____ son chapeau.

J'__*ai*__ une table.

2. (suis, est, sommes, êtes, sont)

Il __*est*__ ici.

Je _*suis*_ ici.

Ils __*sont*__ là-bas.

Vous __*êtes*__ là-bas.

Elle ____*est*____ ici.

Nous _*sommes*_ ici.

3. (Ce, Cette, Cet)

   <u>Cette</u> petite fille est ici.

   <u>Ce</u> garçon est là-bas.

   <u>Ce</u> chapeau est sur ma tête.

   <u>Cet</u> homme est ici.

4. (son, sa)

   Il a <u>son</u> chapeau.

   Elle a mis le chapeau sur <u>sa</u> tête.

   Il met le chapeau sur <u>sa</u> tête.

   Elle a <u>son</u> chapeau à la main.

   C'est <u>sa</u> main droite.

5. (le, les)

   C'est <u>le</u> pouce.

   Ce sont <u>les</u> doigts.

   C'est <u>le</u> chapeau.

   Ce sont <u>les</u> chapeaux.

1. Voici _un_ garçon.

2. Voici _Trois_ garçons.

3. Voici _deux_ hommes.

4. Voici un homme; voici

_la_ main gauche

_de_ l'homme.

of a man

5. Voici une femme; voici

_le_ main gauche

_de_ la femme.

6. Voici le chapeau

_d'un_ homme.

of a woman

7. Voici le chapeau

d'une femme.

8. C'est la main droite

_de_ la petite fille.

1. Il *a* son chapeau   2. Il *enlève* son chapeau.

sur la tête.

3. Il _*donnera*_ son chapeau

à l'homme.

4. Il _donne_ son chapeau _à_ l'homme mainte-

nant. Il _le_ donne à l'homme.

5. Il _a donné_ son chapeau

_à_ l'homme.

6. Maintenant l'homme

_a_ le chapeau

_à_ deux mains.

23

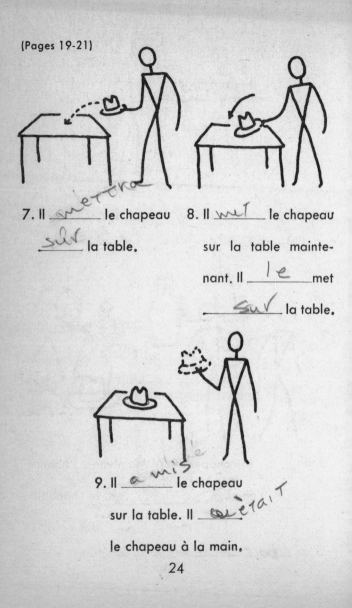

7. Il _mettra_ le chapeau
sur la table.

8. Il _met_ le chapeau
sur la table mainte-
nant. Il _le_ met
sur la table.

9. Il _a mis_ le chapeau
sur la table. Il _avait_
le chapeau à la main.

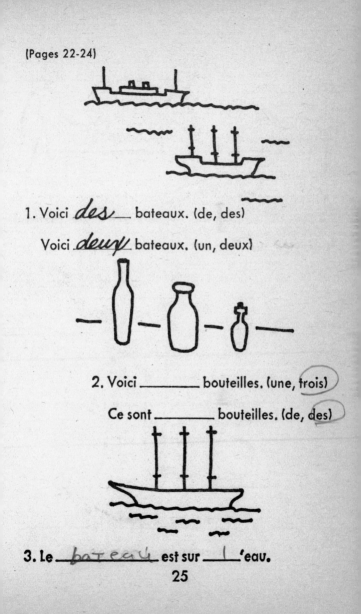

1. Voici *des* bateaux. (de, des)

   Voici *deux* bateaux. (un, deux)

2. Voici _____ bouteilles. (une, trois)

   Ce sont _____ bouteilles. (de, des)

3. Le *bateau* est sur *l*'eau.

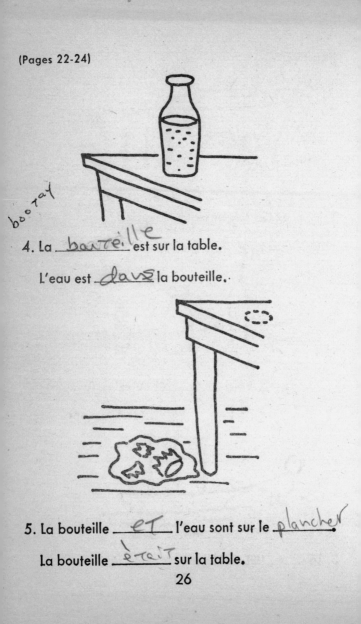

booray

4. La _bouteille_ est sur la table.

L'eau est _dans_ la bouteille.

5. La bouteille _et_ l'eau sont sur le _plancher_.

La bouteille _était_ sur la table.

26

1. Voici une femme

   et

   voici une autre femme.

Ce sont _des_ femmes.

(une, des)

2. Voici un oiseau

   et

   voici un autre oiseau

   et

   voici un autre oiseau.

Ce sont _des_ oiseaux.

(un, des)

27

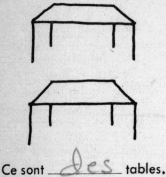

3. Voici une table

et

voici une autre

table.

Ce sont ___des___ tables.

(une, des)

4. Voici deux chapeaux

et

voici trois chapeaux.

Ce sont ___des___ chapeaux.

(un, des)

5. _____Voilà_____ des oiseaux; ils sont ici.

   (Voici, Voilà)

6. _____Voici_____ des oiseaux; ils sont là-bas.

   (Voici, Voilà)

1. EST FEMME LA ICI

La femme est ici.

2. CHAPEAU C'EST UN

C'est un Chapeau

3. LÀ-BAS LA EST TABLE

La table est Là-bas

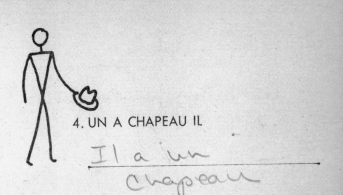

4. UN A CHAPEAU IL

Il a un
chapeau

5. SON MET SA SUR IL TÊTE CHAPEAU

Il met son
chapeau sur
sa tête

31

(Pages 1-24)

1. _la_ femme _les femmes_
2. _le_ chapeau _les chapeaux_
3. _le_ garçon _les garçons_
4. _la_ petite fille _les petites filles_
5. _la_ table _les tables_
6. _l'_ homme _les hommes_
7. _le_ verre _les verres_
8. _la_ main _les mains_
9. _le_ bateau _les bateaux_
10. _le_ doigt _les doigts_
11. _la_ tête _les têtes_
12. _la_ bouteille _les bouteilles_
13. _la_ pouce _les pouces_
14. _le_ plancher _les planchers_

32

15. *une* femme — *des femmes*

16. *un* homme — *des hommes*

17. *un* garçon — *des garçons*

18. *une* table — *des tables*

19. *un* chapeau — *des chapeaux*

20. *un* oiseau — *des oiseaux*

21. *un* bateau — *des bateaux*

22. *une* bouteille — *des bouteilles*

23. *une* verre — *des verres*

24. *une* main — *des mains*

25. *un* doigt — *des doigts*

33

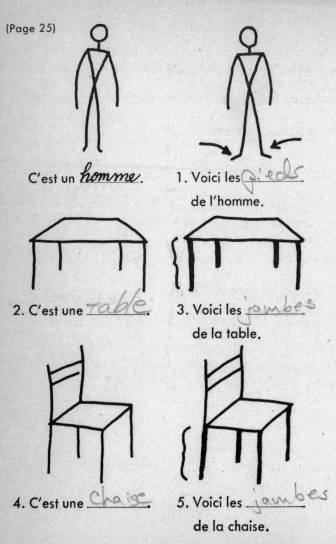

C'est un *homme*.

1. Voici les *pieds* de l'homme.

2. C'est une *table*.

3. Voici les *jambes* de la table.

4. C'est une *chaise*.

5. Voici les *jambes* de la chaise.

Voici un homme.

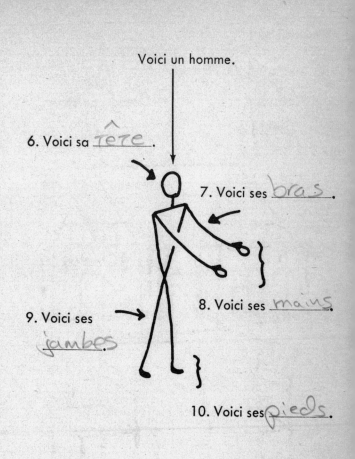

6. Voici sa _tête_.

7. Voici ses _bras_.

8. Voici ses _mains_.

9. Voici ses _jambes_.

10. Voici ses _pieds_.

(Pages 26-28)

Voici une maison.

1. Voici une

fenêtre .

2. Voici une autre

fenêtre .

3. Voici une

porte .

4. Voici une autre

porte .

5. Cette *maison* a deux fenêtres et deux

portes; *il* y *a* deux fenêtres

et deux portes dans cette maison.

36

6. Une fenêtre est ouverte, et une fenêtre est

_____. (ouverte, fermée)

7. Une porte est fermée, et une porte est

_____. (ouverte, fermée)

8. Cette fenêtre

est _____.

(ouverte, fermée)

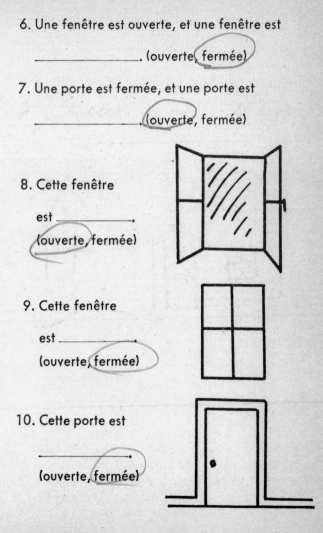

9. Cette fenêtre

est _____.

(ouverte, fermée)

10. Cette porte est

_____.

(ouverte, fermée)

1. (Maison, maisons)

L'homme a une *maison* .

Il y a trois ___maisons___ dans cette rue.

Voici deux autres ___maisons___.

Il va à la ___maison___.

2. (fenêtre, fenêtres)

Il y a une ___fenêtre___ dans ce mur.

La ___fenêtre___ est ouverte.

Il y a trois autres ___fenêtres___ ici.

Cette ___fenêtre___ est fermée.

3. (une, des)

Voici ___des___ fenêtres.

___une___ fenêtre est fermée.

Il y a ___des___ fenêtres dans cette maison.

Voilà ___des___ fenêtres dans l'autre maison.

4. (Cette, Ces)

Cette fenêtre est ouverte.

Ces fenêtres sont ici.

Ces portes sont là-bas.

Cette porte est ici.

5. (autre, autres)

Voici une _autre_ fenêtre.

Voilà deux _autres_ fenêtres.

Il y a trois _autres_ maisons dans la rue.

Voici deux _autre_ tables.

Voici une salle.

1. Voici un _mur_ de la salle.

2. Voici un autre _mur_ de la salle.

3. Et voici un _autre_ mur de la salle.

4. Voici le _plancher_ de la salle.

there is
~~there~~ there are

5. _Il y a_ deux tableaux sur le mur.

6. _Il y a_ un bateau dans un tableau,

et _Il y a_ une maison _dans_

l'autre tableau.

7. _Il y a_ une table sur le _plancher_.

8. _Il y a_ une fenêtre dans la salle.

Y-a-t-il?
is there?

1. L'eau est *dans* le verre.

2. Le bateau est  *dans* le tableau.

3. Cet homme est *dans* la rue.

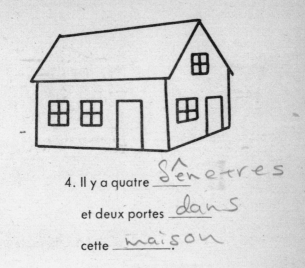

4. Il y a quatre _Fenêtres_

et deux portes _dans_

cette _maison_

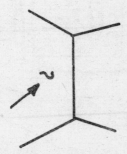

5. Ce crochet est

~~dans~~ _sur_ le mur.

6. Ce sont des _crochets_

7. C'est _le cadre_

du tableau.

(Pages 1-25)

1. gar ç on

2. f i lle

3. fem m e

4. hom m e

5. ta b le

6. cha t eau

7. m ain

8. pou c e

9. doi g ts

10. t ê te

11. d r oite

12. g a uche

13. ma i nte n ant

14. ba t eau

15. b o ute i lle

16. oi s eau

17. ver r es

18. b ras

19. jam b es

20. p i eds

1. Voici un ~~oiseau.~~
homme.

2. Voici sa chapeau.
maison.

3. Cet homme ira
~~est allé~~ à la maison.

46

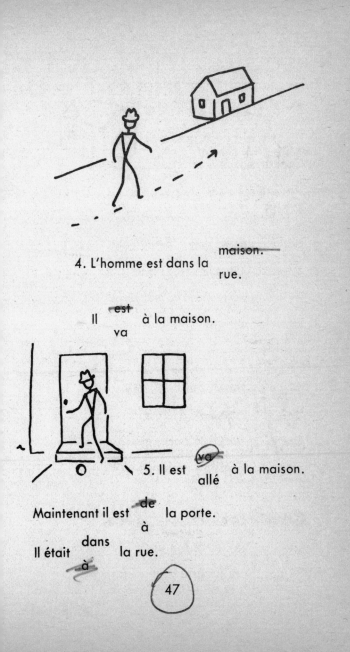

4. L'homme est dans la maison.
rue.

Il est à la maison.
va

5. Il est va à la maison.
allé

Maintenant il est de la porte.
à

Il était dans la rue.
à

(Page 30)

On met un point d'interrogation après les questions.

1. Est-ce que l'eau est dans le verre _____ **?** _____

2. Un oiseau a deux pattes _____

Kées-ke-sè ?
3. Qu'est-ce que c'est ? _____

4. Marie enlève son chapeau _____

Es-è-ke
5. Est-ce que Marie enlève son chapeau _____ ?

6. Est-ce qu'un homme a deux mains _____ ? _____

7. Est-ce qu'il met le verre sur la table _____ ? _____

8. Il y a une porte dans sa maison _____

9. Est-ce qu'elle a un chapeau _____ ? _____

* * * *

(Page 35)   que, qu'

1. Est-ce _que_ Pierre est ici?

2. Est-ce _qu'_ André est ici?

3. Est-ce _que_ Robert est ici?

4. Est-ce _qu'_ Andrée est ici?

5. Est-ce _qu'_ elle est ici?

6. Est-ce _que_ l'homme est ici?

7. Est-ce _que_ Marie est ici?

8. Est-ce _qu'_ une femme est ici?

48

1.

Qu'est-ce que c'est?

C'est une

pendule .

Quelle heure est-il?

Il est midi.

2.

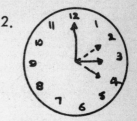

Quelle heure est-il?

Il est

trois heures .

Il sera quatre

heures .

Il était deux

heures

3. Voici une question:

Quelle heure est-il?

Voici la

réponse:

Il est dix heures.

4. Voici une question:

Quelle

heure est-il?

Voici la réponse:

Il est trois heures.

5.

Voici des _____.

(choses, personnes)

6.

Voici des _____.

(choses, personnes)

7. Les numéros d'un à douze sont:

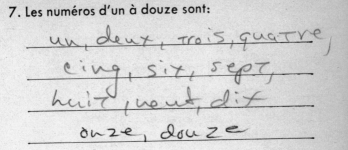

un, deux, trois, quatre,
cinq, six, sept,
huit, neuf, dix
onze, douze

8. Deux est *après* un.

9. Trois est *après* deux.

10. Cinq est *après* quatre.

11. Douze est *après* huit.

12. Sept est *après* cinq.

1. Le garçon est dans la rue.

   La petite fille est dans la maison.

   Elle ~~est~~
   n'est pas avec lui.

   Ils ~~sont~~
   ne sont pas ensemble.

2. Marie ira de la fenêtre à la porte.

   Elle est
   ~~n'est pas~~ à la fenêtre maintenant.

3. Marie va de la fenêtre à la porte.

   Elle ~~est~~
   était à la fenêtre.

   Elle sera à la porte.

   Maintenant elle est entre
   ~~à~~
   la fenêtre et la porte.

52

4. Marie est allée de la fenêtre à la porte.

Elle ~~est~~
n'est pas à la fenêtre maintenant.

Elle ~~n'était pas~~
était entre la fenêtre et la porte.

Maintenant elle est à la ~~fenêtre.~~
porte.

5. Maintenant Jean est à la porte.

Marie est à la porte.

Est-ce que Jean est avec Marie?

C'est une question.

Voici la réponse: _Oui, Jean est avec Marie,_

Est-ce qu'ils sont ensemble?

Voici la réponse: _Oui, ils sont ensemble_

53

6. Marie et Jean *sont* à la fenêtre. Ils sont

ensemble à la fenêtre.

7. Maintenant ils ne _SOUT_ pas à la fenêtre.

Ils sont ensemble, mais ils _ne_ sont _pas_

à la fenêtre.

54

8. Maintenant Marie et Jean sont dans la rue.

Est-ce qu'ils sont ensemble? _Oui, ils_
son ensemble .

9. Est-ce qu'ils sont dans la maison? _Non, il_
ne sont pas dans la .
maison

10. _Ils_ sont ensemble, mais ils ne sont pas

dans la maison maintenant. Ils _étaient_

dans la maison.

1. ch*h*aise

2. sa*l*le

3. p*o*rte

4. ta*b*leau

5. fe*n*êtres

6. p*l*ancher

7. m*u*r

8. c*a*dre

9. c*r*ochet

10. mai*s*on

11. r*u*e

12. ques*t*ion

13. rép*o*nse

14. po*i*nt

15. inter*r*og*a*tion

16. ea*u*

17. pen*d*ule

18. heu*r*e

19. ch*o*se

20. per*s*on*n*e

1. Voici la tête *d'un* 2. Voici la tête *d'une*

   homme.   femme.

3. Ces _yeux_   4. Voici une _bouche_.

   sont _fermés_   Cette _bouche_ est

                               fermée

5. Cet homme a les
yeux _fermés,s_
mais il a la bouche
overte.

6. Cette femme a les
yeut ouverts,
Mais elle a la
bouche fermée.

7. Voici l'oeil droit.

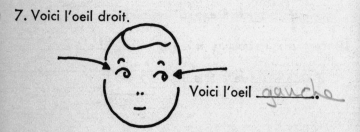

Voici l'oeil _gauche_

8. Mes yeux sont ouverts. Je _vois_ Marie. Je _la_ vois. Marie a les yeux fermés. Est-ce qu'elle me _voit_ ? Non, elle ne _me_ voit pas. Elle ne voit pas la table. Elle ne voit pas la chaise. Elle ne voit _rien_. Ses yeux étaient ouverts. Elle me _voyait_. Elle _voyait_ la table et la chaise.

9. Marie a la bouche fermée. Sa bouche sera ouverte. Elle _dira_ : "Je ne vois rien." Maintenant elle a la bouche ouverte. Elle _dit_ : "Je ne vois rien. Mes yeux sont _fermés_ ."

10. Les yeux, la bouche et le nez sont _des parties_ de la tête.

(Page 42)

1. (un, une)

Voici *une* petite fille.

Voilà _une_ fenêtre ouverte.

Il a _un_ oeil droit.

Nous avons _une_ petite maison.

Elle est avec _un_ garçon.

2. (ouvert, ouverte)

La bouche est _ouerte_.

La porte est _ouverte_.

L'oeil gauche est _ouvert_.

L'oeil droit est _ouvert_.

La fenêtre est _ouerte_.

60

3. (fermée, fermés)

Cet homme a les yeux _fermés_.

La petite fille a les yeux _fermés_.

La porte était _fermée_.

Cette fenêtre sera _fermée_.

Ce garçon a la bouche _fermée_.

4. (allé, allée)

Le garçon est _allé_ à la maison.

La petite fille est _allée_ dans la rue.

Elle n'est pas _allée_ à la maison.

Il n'est pas _allé_ dans la rue.

La femme est _allée_ à la fenêtre.

1. DANS EST VERRE LE L'EAU

L'eau est dans le verre.

2. FENÊTRE MAISON DANS IL Y A UNE CETTE

Il y a une fenêtre dans cette maison

3. DIX MAINTENANT HEURES EST IL

Il est dix heures maintenant

4. LES A YEUX OUVERTS ELLE

Elle a les yeux ouverts.

5. ENSEMBLE LE SUR RAYON CES SONT LIVRES

Ces livres sont sur le rayon ensemble

6. VOIS LA JE

Je la vois

7. NE VOIT ELLE ME PAS

Elle ne me voit pas

8. PORTE ALLÉS ILS À SONT LA

Ils sont allés à la porte

9. BOUCHE MAINTENANT A IL LA FERMÉE

Maintenat il a la
bouche fermée

10. DIT NE IL RIEN

Il ne dit rien.

La pendule est _au-dessus_ ^above^ de la chaise
et `la chaise est _sous_ la pendule.
Le rayon est _entre_ le tableau et le
plancher. Le tableau est _au-dessus_ du
rayon, et le plancher est _sous_ le rayon.
Le chien est _entre_ la table et la

fenêtre. La bouteille est _____sur_____ la table
et la lumière est _au-dessus_ du plancher.
Les livres et le verre sont _____sur_____ le rayon.
Le verre est _____entre_____ les livres. La table,
la chaise et le chien sont _____sur_____ le
plancher. Ils sont _____dans_____ la salle.

(Page 45)

longs   courts

1. Voici une petite fille; elle a les cheveux *longs*.

   Le garçon a les cheveux courts.

2. Voici un garçon et un homme; le garçon a les bras

   courts et l'homme a les bras longs.

66

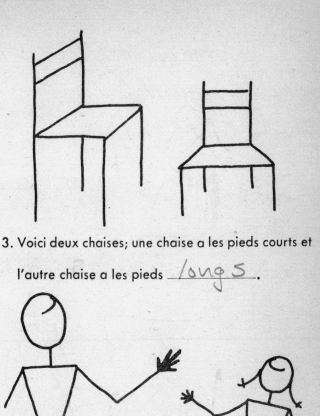

3. Voici deux chaises; une chaise a les pieds courts et

l'autre chaise a les pieds _longs_.

4. Voici deux mains. Les doigts de la petite fille sont

courts et les doigts de l'homme sont

longs.

Voici une pendule.

1. Elle a deux _aiguilles_.

2. Voici la ___Court___ aiguille.

3. Voici la

___long___ aiguille.

4. Voici Marie et une femme. Marie est ___petite___

et la femme est ___grande___.

(grande, petite)

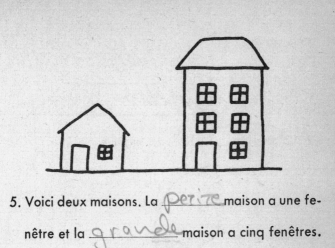

5. Voici deux maisons. La _petite_ maison a une fe-

nêtre et la _grande_ maison a cinq fenêtres.
(grande, petite)

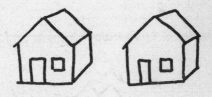

6. Voici deux maisons. Ces deux maisons sont

petites.
(petite, petites)

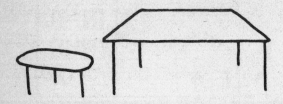

7. Voici deux tables. La _petite_ table a trois

pieds et la _grande_ table a quatre pieds.

8. Une pendule a deux _aiguilles_; une aiguille

est grande, et l'autre aiguille est _petite_.

Marie est dans une salle de sa maison. Il y a une table et quatre chaises dans la salle. Elle a son chapeau à la main. Elle est allée à la table et maintenant elle est sur une chaise. Elle met son chapeau sur une autre chaise, et elle enlève ses gants.

Jean est maintenant dans la salle. Il est avec Marie dans la salle. Marie dit à Jean: ''Où est mon chapeau? Je l'avais à la main. Je ne l'ai pas maintenant. Où est-il? Est-ce que vous voyez mon chapeau, Jean? Est-ce que vous le voyez?'' Alors Jean dit: ''Oui, je le vois. Voilà votre chapeau sur une chaise sous la table. Je le mets sur la table maintenant. Est-ce que vous le voyez maintenant?"

Marie dit: "Oui, Jean. Maintenant je le vois!"

Vous donnerez les réponses à ces questions:

1. Où est Marie? _Marie est dans une salle de sa maison._

2. Qu'est-ce qu'il y a dans cette salle? _____

_____

3. Où est-ce que Marie met son chapeau? _____

_____

4. Est-ce que Marie met ses gants? _____

_____

5. Qui est maintenant dans la salle? _____

_____

6. Qu'est-ce qu'elle dit à Jean? _____

_____

7. Est-ce que Jean voit le chapeau? _____

_____

8. Qu'est-ce qu'il dit alors? _____

_____

9. Où était le chapeau? _____

_____

10. Est-ce que Jean donne le chapeau

à Marie? _____

_____

1. C'est *le cou*

   d'une personne.

2. C'est un _____.

3. Voici des _____.

4. Voici le _____

   d'une personne.

5. Voici les _____

   _____.

6. Voici les _____

   d'une personne.

74

7. Voici un chien.

   a) Voici les _____

      du chien.

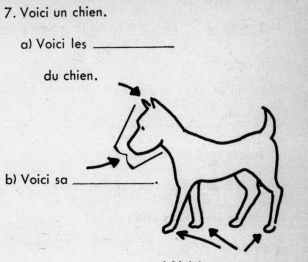

b) Voici sa _____ .

           c) Voici ses _____ .

8. Les pattes, les yeux, et la tête sont des _____

   du corps d'un chien.

9. Les fenêtres, les portes et les murs sont des

   parties d'une _____ .

10. Un homme a un nez. Est-ce qu'un chien a un

    nez? _____.

    Est-ce qu'un bébé a un nez?

    _____

11. Les pages sont des parties d'un _____.

12. Les deux aiguilles sont des parties d'une _____.

13. Les doigts sont des parties de la _____

    et du _____.

14. Est-ce que votre nez est au-dessus de vos yeux?

    Non, mon nez n'est pas au-dessus

    de mes yeux. Il est sous mes yeux.

15. Est-ce que vos oreilles sont des parties de votre

    tête? _____.

16. Est-ce que la poitrine est une partie du corps?

    _____

17. Où est votre menton? _____.

18. Où est votre nez? _____.

19. Où est votre cou? _____

_____

20. La partie du corps qui est entre les bras est la

_____.

21. Les yeux sont _____ la tête.

22. Les cheveux sont _____ la tête.

23. Le nez est _____

_____ la bouche.

24. Le menton est _____ la bouche.

25. Le cou est _____

la tête et le corps.

1. Ils sont dans la rue.

   Ils *ne sont pas* _____ dans la maison.

2. Marie a les yeux ouverts.

   Elle *n'a pas* _____

   les yeux fermés.

3. Le bébé est à genoux. Il

   _____ debout.

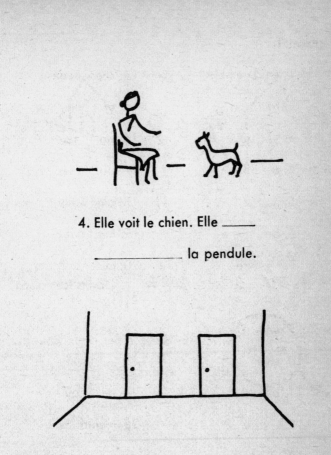

4. Elle voit le chien. Elle _____

_____ la pendule.

5. Les portes sont fermées.

Elles _____ ouvertes.

1. en _s_ emble

2. ra___on

3. y___ux

4. o___il

5. n___z

6. bo___che

7. ___ivre

8. pa___e

9. lumi___re

10. chie ___

11. p___ ttes

12. ___ou

13. po___trine

14. che ___eux

15. or___illes

16. fig___re

17. par___ies

18. aig___ille

19. min___it

20. mid___

21. c___rps

22. bé___é

23. ___ueue

24. ge___ou

25. mento___

80

Le nom de Monsieur Duval est Jean Duval. Jean Duval est allé à la maison. Maintenant il est à la porte de sa maison. Il met sa main droite dans sa poche. Maintenant il a une clef à la main. La clef était dans sa poche. C'est la clef de la porte. Il entrera dans la maison.

Il met la clef dans la serrure. Il tourne la clef et il pousse la porte. La porte est ouverte maintenant.

Il entre dans une salle de sa maison. La porte de la salle est ouverte. Jean entre par la porte ouverte. Est-ce que Marie est dans la salle? Non, Marie n'est pas dans cette salle. Mais la porte était ouverte. Qui est dans la salle?

Maintenant Jean voit qui est dans la salle. C'est son chien, Miraud. Le chien est sur une chaise à la fenêtre. Le chien tourne la tête, et il voit Jean.

Le chien va à Jean. Maintenant il est avec Jean. Jean met la main sur la tête du chien. Ils sont ensemble. Marie n'est pas encore venue, mais elle viendra. Elle est dans une autre salle maintenant. Alors Marie sera avec Jean et Miraud dans cette salle.

QUESTIONS:

1. Où est-ce que M. Duval est allé?

   Il est allé à la maison.

2. Qu'est-ce qu'il avait dans sa poche?

   _____

3. Où est-ce qu'il met sa clef? _____

   _____

4. Est-ce que la porte de la salle est fermée?

   _____

5. Qu'est-ce qu'il voit dans la salle?

   _____

6. Où est le chien? _____

   _____

7. Est-ce que le chien voit Jean? _____

   _____

8. Est-ce que Marie est dans la salle? _____

_____

9. Est-ce qu'elle viendra dans la salle? _____

_____

10. Qui sera avec Jean et Miraud alors? _____

_____

1. Je mets le verre sur la table.

   Je _*le*_ mets sur la table. (le, la, l')

2. Je mets la chaise là-bas.

   Je _____ mets là-bas. (le, la, l')

3. Je vois Jean.

   Je _____ vois. (le, la, l')

4. Je vois Marie.

   Je _____ vois. (le, la, l')

5. J'ai ce chapeau à la main.

   Je _____ ai à la main. (le, la, l')

6. J'ai cette bouteille à la main.

   Je _____ ai à la main. (le, la, l')

7. Je vois ces livres.

   Je _____ vois. (le, la, les)

8. J'ai ces verres à la main.

   Je _____ ai à la main. (le, les, l')

fermé   fermée   fermés   fermées

1. La porte est *fermée*.

2. Les fenêtres sont _____.

3. Le livre est _____.

4. Trois portes sont _____.

5. L'homme a les yeux _____.

6. La bouche de cette femme est _____.

7. Les maisons sont _____.

8. L'oeil droit du petit garçon est _____.

9. La main de la petite fille est _____.

10. Les livres sur le rayon sont _____.

*   *   *   *

ouvert   ouverte   ouverts   ouvertes

11. La bouche de la petite fille est _____.

12. L'oeil gauche du petit garçon est _____.

13. L'homme a les yeux _____.

14. Les fenêtres sont _____.

15. La main droite de la femme est _____.

16. Les livres sur la table sont _____.

17. Une porte de la maison est _____.

18. Cette femme a les yeux _____.

19. Ce livre est _____.

20. Le bébé a l'oeil droit _____.

le	la	les		un	une
	autre	l'autre		autres	

1. Un homme a deux mains. Voici une de ses mains, et voici *l'autre* main.

2. Il y a quatre chaises, une table et un rayon dans cette salle. Voici _____ chaise, voici une _____ chaise et voilà les deux _____ chaises. Voici _____ table et voici _____ rayon.

3. Un chien a quatre pattes. Voici _____ de ses pattes, voici une _____ patte, et voici les deux _____ pattes.

4. La chaise n'a pas de bras. Elle a quatre pieds. Voici _____ pied, et voici _____ trois _____ pieds de la chaise.

5. Voici _____ pouce de ma main, et voici _____ doigts. Voici _____ doigt, et voici un _____ doigt. Voici encore deux _____ doigts. Ce sont _____ cinq doigts de ma main.

6. J'ai deux oreilles. Voici _____ de mes oreilles, et voici _____ oreille.

A. 1. OUVERT EST CE LIVRE

Ce livre est ouvert.

2. LIVRE ELLE A UN LA A MAIN

_____

3. PARTIE FIGURE DE LA EST LE NEZ UNE

_____

4. YEUX NEZ AU-DESSUS DU LES SONT

_____

5. POITRINE ENTRE EST LA LES DEUX BRAS

_____

6. CLEF SERRURE MET UNE ON DANS UNE

_____

(Pages 42-62)

B. 1. Elle donnera le chapeau à Marie.

Maintenant elle *donne* le chapeau

à Marie.

Elle a *donné* le chapeau à Marie.

2. Il entrera dans la salle.

Maintenant il _____ dans la salle.

Il est _____ dans la salle.

3. Jean ira à la maison.

Maintenant il _____ à la maison.

Il est _____ à la maison.

4. Le garçon dira: "Voici mon nez."

Maintenant il _____: "Voici mon nez."

Il a _____: "Voici mon nez."

5. Jean viendra avec elle.

Maintenant il _____ avec elle. Il est

_____ avec elle.

1. Il *sortira* de cette salle. (entrera, sortira)

2. Il _____ dans cette maison.

   (entre, est sorti)

3. Elle _____ de la maison. (vient, va)

4. Elle _____ à la maison. (va, entre)

5. Il _____ de la maison. (entre, est sorti)

6. Elle _____ dans la salle.

   (est sortie, entre)

7. Il _____ dans l'autre salle.

   (entrera, sortira)

8. Jean _____ à Marie, qui est ici. (va, vient)

9. Elle _____ de la maison par la porte

   ouverte. (est allée, est sortie)

10. Jean _____ à Marseille. (ira, sortira)

<u>par</u>   <u>de</u>   <u>dans</u>   <u>à</u>

1. Il est sorti _____de_____ la salle.

2. Il entre _____ une autre salle.

3. Il entre _____ la porte ouverte.

4. Il va _____ la fenêtre.

5. Elle sortira _____ la salle _____ la porte.

6. Il viendra _____ la maison à huit heures.

7. Il entrera _____ la porte.

8. Il sortira _____ sa maison _____ une porte.

9. Il entrera _____ la maison.

10. Un oiseau est entré dans la maison _____

une fenêtre ouverte.

1. Un chapeau est sur la table dans la salle.

   Marie entrera dans la salle.

   Alors elle _verra_ le chapeau. (verra, vu)

2. Marie entre dans la salle.

   Maintenant elle _____ le chapeau.
   (verra, voit)

3. Elle a _____ le chapeau. (verra, vu)

4. Elle l'a _____ . (voit, vu)

5. Elle _____ le chapeau et elle sort de la
   salle, le chapeau à la main. (prend, donne)

6. Elle a _____ le chapeau et elle est sortie
   de la salle. (pris, prend)

7. Elle est _____ dans une autre salle.
   (entrée, sortie)

8. Elle a _____ le chapeau sur un crochet.
   (met, mis)

9. Jean viendra et il _____ son chapeau.
   (prend, prendra)

10. Maintenant Jean vient et _____ son
    chapeau. (a pris, prend)

(Pages 68-69)

1. Je suis ici; ___me___ voici! (me, je)

2. Le chapeau est là; _____ voilà! (le, lui)

3. Voici Marie; _____ voici! (le, la)

4. Le chapeau est sur ma tête; il _____ est. (là, y)

5. Marie n'est pas là; elle n'_____ est pas. (ici, y)

6. Je suis allé dans cette maison-là. J'_____
   suis allé. (là, y)

7. Voilà le verre. Il n'est pas _____. (ici, y)

8. Quand est-ce que nous voyons?

   Nous voyons _____ nos yeux sont ouverts.

9. Quand est-ce qu'elle ne dit rien?

   Elle ne dit rien _____ elle a la bouche
   fermée.

10. Qui est là?

    Jean est là.

    C'est Jean _____ est là.

A. 1. L'homme est venu.

   La femme est *venue*.

   2. Il est sorti.

   Elle est _____.

   3. Il est entré.

   Elle est _____.

   4. Il est allé à la porte.

   Elle est _____ à la porte.

   5. Jean est sorti.

   Marie est _____.

   6. Jean est venu.

   Marie est _____.

   7. Jean est allé à la maison.

   Marie est _____ à la maison.

   8. Jean est entré.

   Marie est _____.

   9. Monsieur Duval est venu.

   Madame Duval est _____.

   10. Monsieur Duval est sorti.

   Madame Duval est _____.

11. Monsieur Duval est entré.

Madame Duval est _____.

12. Monsieur Duval est allé à la table.

Madame Duval est _____ à la table.

Quand   Qui   Qu'   qui

B.   1. _____*Qu'*_____ est-ce que c'est?

2. _____ va à la maison?

3. C'est Jean _____ y va.

4. C'est la petite fille _____ est à la fenêtre.

5. _____ est-ce qu'il y a dans sa main?

6. _____ il est entré, il a vu le chien.

94

1. Jean prendra son chapeau. Il dit: "Je
   prendrai mon chapeau." (prendrai, prendre)

2. Quand un chapeau est accroché, il est sur un
   _____. (table, crochet)

3. Il a pris son chapeau. Il _____ a pris. (y, l')

4. Il a enlevé son chapeau du crochet. Il _____
   a enlevé du crochet. (la, l')

5. Il est sorti de la maison, mais après une heure il
   est entré _____ dans la maison.
   (alors, de nouveau)

6. Il a son chapeau à la main, et il _____
   donne à Marie. (les, le)

7. Il dit: "Marie, _____ ce qui est dans le
   chapeau!"   (voyez, voit)

8. Quand le chapeau de Jean était sur le billet, le
   billet était _____ le chapeau.
   (sous, au-dessus de)

9. Quand le vent enlève un chapeau, le chapeau
   est _____. (en l'air, sur la tête)

10. Un billet de dix mille francs est de l' _____.
    (eau, argent)

Voici des questions:

1. Qu'est-ce que Marie a vu dans le chapeau de Jean?

   Elle y a vu un billet de dix mille francs.

2. Est-ce que l'argent était dans le chapeau quand il était accroché?

   _____

   _____

3. Est-ce que le vent a enlevé le chapeau de Jean?

   _____

   _____

4. Quand le chapeau était par terre, qu'est-ce qu'il y avait sous le chapeau?

   _____

   _____

5. Quand est-ce qu'il a vu l'argent?

   _____

1. Quand on est sur les pieds, on est *debout*.

2. Quand on est sur une chaise, on est _____.

3. Quand nous sommes assis près de la table, nous

   sommes _____ table.

4. Quand il a mis le vin dans des verres _____

   vin, il y a du vin _____ les verres.

5. Quand il y a _____ vin dans les verres, ils

   prennent _____ verre.

6. Je mettrai ma cuillère dans ma soupe. Alors je la

   _____ dans ma bouche. Je _____

   ma soupe.

(Pages 77-79)

1. Qu'est-ce que le vent fait?

Le vent enlève le chapeau de cet homme.

2. Qu'est-ce que cet homme fait?

_____

_____

_____

3. Qu'est-ce qu'il fait?

_____

_____

_____

4. Qu'est-ce qu'il fait?

_____

_____

_____

5. Qu'est-ce qu'il fait?

_____

_____

_____

6. Qu'est-ce que cette femme fait?

_____

_____

_____

Marie et Jean vont dans un grand magasin.

Marie achète une robe, des bas et des souliers.

Dans une autre partie du magasin Jean achète une pipe. Il donne son argent à l'homme dans le magasin, il prend sa pipe et il sort du magasin avec Marie.

Ils vont à la maison. La robe de Marie est vieille. Elle enlève sa robe, et elle met la robe neuve, les bas, et ses souliers neufs.

Elle entre dans une autre salle de la maison, où elle voit Jean, assis sur une chaise, sa pipe neuve dans la bouche.

Ils ont acheté les choses avec l'argent qui était sous le chapeau de Jean.

QUESTIONS

1. Qu'est-ce que Marie achète dans le grand magasin et qu'est-ce que Jean y achète? *Marie achète une robe, des souliers et des bas dans le magasin. Jean y achète une pipe.*

2. Où vont-ils après? _____

_____

3. Qu'est-ce que Marie fait à la maison? _____

_____

_____

_____

4. Qu'est-ce qu'elle voit quand elle entre dans la salle où Jean est? _____

_____

_____

5. D'où vient l'argent qu'ils ont donné à l'homme dans le magasin? _____

_____

qui que

1. Voici l'homme. Il va à la maison.

Voici l'homme __qui__ va à la maison.

2. Voici une pomme. Je la vois.

Voici la pomme _____ je vois.

3. Voici un livre. Je le prends.

Voici le livre _____ je prends.

4. Voici Marie. Elle entre dans la salle.

Voici Marie _____ entre dans la salle.

5. Voici la pomme. Je la mets dans mon panier.

Voici la pomme _____ je mets dans mon panier.

6. Voici un panier. Il est sur la table.

Voici le panier _____ est sur la table.

7. Voici un homme. Je le vois.

Voici l'homme _____ je vois.

8. Voici Marie. Elle fait la soupe.

Voici Marie _____ fait la soupe.

9. Qui fait la soupe? Marie fait la soupe.

C'est Marie _____ fait la soupe.

10. Voilà la soupe. Marie l'a faite.

Voilà la soupe _____ Marie a faite.

avant d'   après

1. La pomme était sur la branche _avant d'_ être dans le panier de Marie.

2. Jean est assis à table _____ y avoir mis la chaise.

3. Jean et Marie prennent leur soupe _____ avoir pris leur vin.

4. Marie met la robe neuve _____ avoir enlevé la vieille robe.

5. Jean a vu les 10,000 francs _____ avoir soulevé son chapeau.

6. Il ira à Paris. Alors il ira à Marseille. Il sera à Paris _____ être à Marseille.

7. Le vin était dans la bouteille _____ être dans le verre.

8. Marie a pris la pomme _____ avoir levé la main.

1. ENCORE PAS ILS SONT N'Y ALLÉS

Ils n'y sont pas encore allés.

2. VENU IL EST PORTE PAR LA OUVERTE

_____

3. TABLE IL À IRA LA

_____

4. DEUX GARÇONS MAISON DANS LA IL Y A

_____

5. IL Y A AUTRES DANS GARÇONS DEUX LA RUE

_____

6. TABLE CHAPEAU MIS IL A SON LA SUR

_____

7. À MAIN QU'EST-CE QUE MARIE TIENT LA

_____

8. MAIN A LA ELLE BILLET À UN DIX MILLE
FRANCS DE

_____

9. JEAN VIN VERRE MET DANS DU UN

_____

10. N'Y DANS A PAS IL DE VIN VERRE L'AUTRE

_____

11. CHAISE MARIE PRÈS DE MET UNE LA TABLE

_____

1. c _l_ ef

2. ser___ure

3. ___oche

4. b___llet

5. ar___ent

6. f___ancs

7. ___ent

8. a___bre

9. t___rre

10. vi___

11. plate___u

12. ass___ettes

13. s___upe

14. de___out

15. c___illère

16. ___obe

17. p___pe

18. maga___in

19. souli___rs

20. b___s

21. gan___s

22. v___tements

23. po___me

24. bran___he

25. pa___ier

1. J'ai pris une pomme; je l'ai *prise* .

2. J'ai pris un livre; je l'ai *pris* .

3. Marie a pris la pomme; elle l'a _____.

4. Elle a pris son panier; elle l'a _____.

5. Elle a pris sa robe; elle l'a _____.

6. Elle a pris son livre; elle l'a _____.

7. J'ai mis mon chapeau sur ma tête;

   je l'ai *mis* sur ma tête.

8. J'ai mis la robe sur le crochet;

   je l'ai *mise* sur le crochet.

9. Il a mis la pipe dans la bouche;

   il l'a _____ dans la bouche.

10. Elle a mis le verre sur la table;

    elle l'a _____ sur la table.

11. Elle a mis la pomme dans le panier;

    elle l'a _____ dans le panier.

12. Jean a mis l'argent dans sa poche;

    il l'a _____ dans sa poche.

13. Il a pris la bouteille de vin sur le rayon;

    il l'a _____ sur le rayon.

14. Il a mis le vin dans le verre;

    il l'a _____ dans le verre.

Il est midi. Marie entre dans la salle. Elle mettra la table. Elle tient un plateau à la main, et elle le porte vers la table.

Elle met le plateau sur la table. Elle enlève deux assiettes du plateau et elle les met sur la table. Elle enlève deux verres du plateau et elle les met avec les assiettes. Alors elle enlève deux couteaux et deux cuillères et elle les met à droite. Elle enlève deux fourchettes et elle les met à gauche. Elle a mis la table.

Marie est sortie de la salle, le plateau à la main. Quand elle entre de nouveau, elle porte la soupe sur le plateau. Elle met de la soupe dans les deux assiettes.

Alors elle dit: "Jean, la table est mise, et la soupe est ici. Voici votre assiette de soupe."

Jean vient. Marie et Jean sont assis à table maintenant. Ils ont leur cuillère à la main, et ils prennent leur soupe.

Jean dit: "Est-ce qu'il y a du lait et des pommes de terre dans la soupe, Marie?"

Marie dit: "Oui, Jean. J'ai mis du lait et des pommes de terre dans cette soupe."

QUESTIONS:

1. Quelle heure est-il?

Il est midi.

2. Qu'est-ce que Marie fait?

3. Est-ce qu'il y a deux verres sur le plateau?

4. Où est-ce que Marie met les fourchettes?

5. Qu'est-ce qu'elle porte à la table quand elle entre de nouveau dans la salle?

6. Qui a mis la table?

_____

7. Qu'est-ce qu'elle dit à Jean?

_____

8. Est-ce que Jean vient?

_____

9. Où sont Jean et Marie maintenant?

_____

10. Quelles choses est-ce que Marie a mises dans la soupe? _____

_____

quand   quel   quelle   quels   quelles

qui   que   (qu')   où

1. *Qui* est-ce? C'est Marie.

2. _____ est-ce qu'elle fait? Elle fait la soupe.

3. _____ est-ce qu'elle mettra la table?
Elle la mettra à midi.

4. _____ sont ces choses?
Ce sont des assiettes et des verres.

5. _____ est cet animal? C'est une vache.

6. _____ choses est-ce que Marie a
mises dans la soupe? Marie a mis du lait, et des
pommes de terre dans la soupe.

7. A _____ heure est-ce que Jean et Marie
prendront leur soupe? Ils la prendront à une
heure.

8. _____ soupe est-ce que Marie fait? Elle
fait une soupe avec du lait et des pommes de
terre.

9. _____ animaux donnent le lait? Ce sont
les vaches _____ donnent le lait.

10. _____ met le vin dans les verres à vin?
C'est Jean _____ met le vin dans les
verres à vin.

1. b _ _ ite

2. de_____ant

3. _____ntrée

4. cô_____és

5. ve_____ton

6. ma_____ches

7. c_____l

8. d_____s

9. pantalo_____s

10. cha_____ssettes

11. _____ _____emise

12. n_____m

13. fo_____rchet_____es

14. coute_____ _____

15. la_____t

16. pom_____es

    de_____erre

17. _____ache

18. anima_____

19. animau_____

20. _____ochon

21. mout_____n

22. _____ _____eval

23. tass_____

24. pel_____re

25. f_____urche

112

après   c'est   que   est-ce   n'est
ne   avant   sur   dans   qui

Voici un enfant. Qui est-ce?
_____ André Dubois.
_____ un garçon ou une petite fille? Ce n'est pas une petite
fille, _____ un garçon.
_____ fait-il? Met-il ses
pantalons? Non, il _____
met pas ses pantalons, il met son
veston. Que fait-il avec son bras
droit? Il met son bras droit dans
la manche de son veston.

Maintenant _____ fait-il?
Met-il son pied droit _____
son soulier droit? Non, il met son
pied gauche _____ son
soulier gauche. Son soulier droit
est sur le plancher.

Quand _____ le soulier
gauche était _____ le plancher? Il était sur le plancher avant
d'être _____ son pied. Jean
a pris le soulier gauche qu'il tient à la main. Il y met
son pied. _____ avoir mis son pied gauche
_____ son soulier gauche, il prendra le soulier
droit _____ est sur le plancher. Il mettra son
pied droit _____ ce soulier.

113

1. Voici une réponse: L'eau bouillante est chaude.

   Voici la question: Est-ce que l'eau bouillante est

   chaude?

2. Voici une réponse: Oui, les pommes de terre sont

   des légumes.

   Voici la question: _____

   _____

3. Voici une réponse: Oui, les feuilles et les fruits

   sont des parties d'une plante.

   Voici la question: _____

   _____

4. Voici une réponse: Oui, la vapeur sort de l'eau

   bouillante.

   Voici la question: _____

   _____

5. Voici une réponse: Oui, une flamme est chaude.

   Voici la question: _____

   _____

6. Voici une réponse: Cette casserole est sur la

   flamme.

   Voici la question: _____

   _____

7. Voici une réponse: C'est Marie qui a mis la table.

   Voici la question: _____

   _____

8. Voici une réponse: Marie a mis du lait et des

   pommes de terre dans la soupe.

   Voici la question: _____

   _____

1. Il y a une _____ sous la _____.

   La _____ de la flamme fait sortir la

   _____ de l'eau bouillante.

2. La glace ____ _____. _____ un liquide.

   C'est un _____.

3. Il y a un _____ sur la _____ de

   l'arbre. Les autres _____ ne sont pas

sur ____'_____. Ils sont en

____'_____.

4. On prend ____'_____ par la bouche

et par le nez. Quand il sort, il est _____.

5. Voici un avion_____'_____.

<u>prend</u>   <u>donne</u>   <u>met</u>   <u>monte</u>

1. L'homme *donne* son chapeau à la femme.
La vache *donne* du lait. Une flamme
donne de la chaleur. On *donne*
une réponse à une question.

2. Marie a levé la main et elle _____ la
pomme. On _____ l'air par le nez et la
bouche.

3. Un avion _____ en l'air. Un oiseau
_____ en l'air. L'air chaud_____.
Le chien_____ sur la chaise.

4. Marie _____ de l'eau dans la casserole
et elle _____ les pommes de terre dans
la casserole. Elle _____ la casserole sur
la flamme. Elle _____ deux assiettes, deux
couteaux, deux fourchettes et deux verres sur la
table. Elle _____ la table.

<u>fait</u>   <u>avec</u>   <u>de</u>   <u>des</u>   <u>très</u>

5. Voici le pied _____ Jean. Il est long _____
   vingt-cinq centimètres. Marie fait _____ la
   soupe avec _____ pommes de terre. Il y a
   _____ l'eau bouillante dans la casserole.

6. On enlève les pommes de terre _____ une
   fourche. Jean et Marie sont ensemble; Jean est
   _____ Marie. Marie fait la soupe _____
   du lait et des pommes de terre. On prend la soupe
   _____ une cuillère.

7. Les cheveux de Jeanne sont longs de cent centimètres; ils sont _____ longs. Les cheveux de
   Pierre sont longs de deux centimètres; ils sont
   _____ courts. L'eau bouillante est _____
   chaude, mais la glace est _____ froide.

8. Marie _____ la soupe avec du lait et
   avec des pommes de terre. Qu'est-ce que Jean
   _____? Il met du lait dans le verre. La
   chaleur _____ sortir la vapeur de l'eau
   bouillante. Quand il y a une flamme dans la salle,
   il _____ chaud dans cette salle. Il _____
   froid dans une glacière. La glacière _____
   de la glace.

1. Est-ce que les côtés de la glacière sont minces ou épais?

Les côtés de la glacière sont épais.

2. Qu'est-ce qu'on met dans une glacière?

_____

_____

3. Qu'est-ce qu'on fait avec du lait?

_____

_____

4. Jean met du lait dans un verre. Est-ce qu'il est content quand le lait est mauvais?

_____

_____

5. Quels sont les noms de deux fruits?

_____

_____

6. Est-ce que les pommes de terre sont des fruits?

_____

_____

7. Qu'est-ce qu'elle met dans l'eau bouillante?

_____

_____

8. Avec quel instrument est-ce qu'on enlève
les pommes de terre de la terre?

_____

_____

9. Est-ce que la fourchette entre dans les pommes
de terre dures?

_____

_____

_____

1. Est-ce que le verre est dur?

Oui, le verre est dur.

2. Est-ce que le beurre est dur?

_____

3. Est-ce qu'on fait une purée avec des pommes de terre dures?

_____

_____

4. Est-ce qu'une assiette est dure?

_____

5. Est-ce que les dents d'un garçon entrent dans le fromage qui est dur?

_____

6. Est-ce que les dents sont une partie de la bouche?

_____

_____

7. Est-ce que le couteau est mou?

_____

_____

8. Madame LeBrun goûte la soupe; c'est une bonne soupe. A-t-elle bon goût?

_____

_____

1. pl _a_ nte

2. fle___r

3. fe___illes

4. f___uits

5. t___ge

6. ra___ines

7. l___gumes

8. casser___le

9. couve___cl___

10. va___eur

11. f___amme

12. gla___e

13. li___uide

14. tir___ir

15. chal___ ___r

16. av___on

17. re___pira___ion

18. souff___ ___

19. glaci___re

20. ___eufs

21. instrum___nt

22. tem___s

23. mesu___e

24. m___tre

25. c___ntimètre

123

parce que   avant de   après   pour

qu'   d'

1. Marie met du sel dans la soupe *parce que*
   le sel donne un bon goût à la soupe.

2. La soupe était dans la casserole _____
   être dans les assiettes.

3. La soupe est _____ Jean et _____
   Marie.

4. _____ avoir mis la soupe dans les
   assiettes, Marie porte les assiettes à la table.

5. Jean est content _____ la soupe est bonne.

6. L'eau dans la casserole est bouillante _____
   la flamme sous la casserole est très chaude.

7. Une pendule est un instrument _____
   mesurer le temps.

8. Marie donne une pipe neuve à Jean. Elle dit:
   "Cette pipe est _____ vous."

9. Marie a de l'argent _____ acheter du
   pain et des pommes de terre.

10. Elle a acheté les pommes de terre _____
    vingt-cinq francs.

(Pages 106-107)

1. Voici <u>*des genres différents de feuilles*</u>

2. Voici _____

_____

3. Voici _____

_____

125

4. Voici _____

_____

5. Voici _____

_____

6. Voici _____

_____

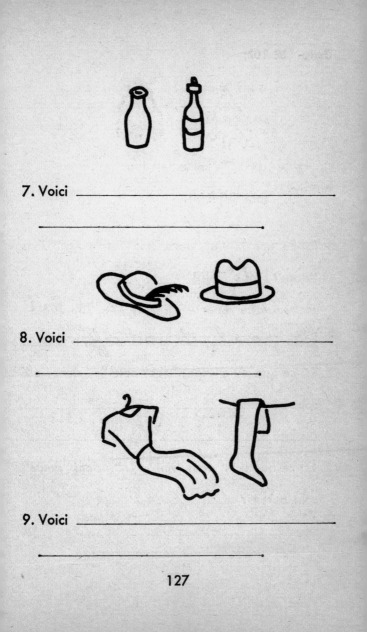

7. Voici _____

_____.

8. Voici _____

_____.

9. Voici _____

_____.

127

Le "e" dans "mère" et le "e" dans "père"

sont pareils.

Le "e" dans "le" et le "e" dans "et"

sont différents.

1. Est-ce que le "a" dans "ma" et le "a" dans

"dans" sont pareils?

Mettez votre réponse ici: *Non, ils ne sont pas pareils, ils sont différents.*

2. Est-ce que le "e" dans "nez" et le "e" dans "et"

sont pareils? _____

_____

3. Est-ce que le "i" dans "vin" et le "i" dans "petite"

sont pareils? _____ _____

_____

4. Est-ce que le "o" dans "orange" et le "o" dans "homme" sont pareils? _____

_____

5. Est-ce que le "u" dans "un" et le "u" dans "dur" sont pareils? _____

_____

6. Est-ce que le "g" dans "garçon" et le "g" dans "genre" sont pareils? _____

_____

1. POMME SUR LA BRANCHE EST LA L'ARBRE DE

La pomme est sur la branche de l'arbre.

2. POMME MAIN ELLE PRISE A LA QU'ELLE
   À TIENT LA

   _____

   _____

3. POMME MAIN AVANT DE LEVÉ PRENDRE
   LA ELLE A LA

   _____

   _____

4. JEAN LAIT EST CONTENT EST BON
   PARCE QUE LE

   _____

   _____

5. FLAMME GLACE FROIDE CHAUDE LA LA
   EST EST MAIS

   _____

   _____

6. VERRE TABLE COUTEAU EST SUR LE LE LA ET
   EST Y AUSSI

   _____

   _____

7. SOEUR LA DES CETTE FILLE JEUNE DEUX
   FILLES PETITES EST

   _____

   _____

8. UNE SUR EST L'ARBRE L'OISEAU
   LÀ-HAUT DE BRANCHE

   _____

   _____

131

(Pages 110-112)

1. L'eau dans le verre est transparente.
   ~~blanche.~~

   On voit à travers le verre.
   ~~par~~

2. On voit à travers le verre parce qu' il est
   par à

   transparent.

3. La soupe aux pommes de terre est claire.
   épaisse.

   Elle n'est pas claire et elle n'est pas
   épaisse

   blanche.
   transparente.

4. Cette fenêtre est claire.
   transparente.

   On voit à travers.
   par.

5. Le lait n'est pas épais.
   clair.

   Il est clair, mais il n'est pas transparent.
   blanc.

6. Quand l'air est clair je vois les montagnes.
   épais

   Quand il n'est pas clair je ne vois pas
   blanc

   par.
   à travers.

1. homme   femme   garçon   (pain)

2. lait   fromage   gants   beurre

3. bras   crochet   pied   doigt

4. cuillère   vin   assiette   fourchette

5. oiseau   vache   tableau   mouton

6. fenêtre   mur   porte   montagne

7. cheveux   chevaux   oiseaux   cochons

8. rayon   soupe   table   pendule

9. feuilles   casserole   racine   tige

10. argent   billet   chapeau   franc

11. père   chien   mère   fils

12. plantes   personnes   animaux   crochet

13. tasse   chapeau   verre   assiette

14. clef   serrure   pied   porte

15. Marie   pour   avant   après

16. pomme   plancher   mur   maison
    de terre

1. li_g_ne

2. vi___nde

3. pai___

4. fr___mage

5. be___rre

6. ___ranges

7. pur___e

8. morce___u

9. d___nts

10. ___el

11. go___t

12. nour___it___re

13. ge___res

14. chè___res

15. pa___iers

16. m___re

17. f___ls

18. f___ère

19. s___ ___ur

20. fa___ille

1. bon — *mauvais*
2. entrer — *sortir*
3. grande — _____
4. longs — _____
5. froid — _____
6. droite — _____
7. ouverte — _____
8. assis — _____
9. neuve — _____
10. épais — _____
11. dur — _____
12. basse — _____
13. pareils — _____
14. sur — _____
15. venir — _____

16. maison — *maisons*
17. chaise — _____
18. tête — _____
19. animal — _____
20. cheval — _____
21. oiseau — _____
22. bateau — _____
23. tableau — _____
24. plateau — _____
25. genou — _____

1. On dit: ___*l'*___ homme.

2. On dit: ___*le*___ chien.

3. On dit: ___*la*___ femme.

4. On dit: _____ air.

5. On dit: _____ maison.

6. On dit: _____ oiseau.

7. On dit: _____ nez.

8. On dit: _____ eau.

9. On dit: _____ garçon.

10. On dit: _____ rue.

11. On dit: _____ oeil.

12. On dit: _____ tête.

13. On dit: _____ aiguille.

14. On dit: _____ clef.

15. On dit: _____ arbre.

16. On dit: _____ fromage.

17. On dit: _____ beurre.

18. On dit: _____ oeuf.

19. On dit: _____ fourchette.

20. On dit: _____ assiette.

1. Il a trois pommes. Je n'ai pas *de pommes*.

2. Un homme a deux bras;

   une chaise n'a pas _____.

3. Un chien a des pattes;

   nous n'avons pas _____.

4. Jean a trois livres;

   le bébé n'a pas _____.

5. Cette plante-ci a des fleurs, mais cette plante-là

   n'a pas _____.

6. Il y a du lait dans la bouteille, mais il n'y a pas

   _____ dans la tasse.

7. Marie a des robes, mais

   Jean n'a pas _____.

8. Qui a fait la soupe?

C'est Marie *qui a fait la soupe* .

9. Qui vient par la porte ouverte?

C'est Jean _____.

10. Qui a vu les hautes montagnes?

C'est moi _____ ai vu les hautes montagnes.

11. Qui a fait ce tableau? C'est lui _____.

12. Qui est-ce que vous avez vu?

C'est elle _____ j'ai vue. (qui, que)

13. Voici l'arbre _____ j'ai vu. (qui, que)

14. Voici la pomme _____ était sur l'arbre.
(qui, que)

15. Voici le lait _____ cette vache a donné.
(qui, que)

Le Chien Saint-Bernard

Un homme est dans les montagnes. Il est dans les Alpes. L'air est bon maintenant et il fait chaud. L'homme est content. Il monte, il monte encore. A midi il est très haut dans les montagnes.

A cinq heures, il fait froid et à huit heures, il fait grand froid. L'air n'est pas clair maintenant. L'homme ne voit pas où il va.

Il est dix heures et l'homme a froid. Il a froid aux mains, aux pieds, aux bras, aux jambes et à la poitrine. Il n'est pas debout maintenant. Il est à genoux. Après deux minutes, il est par terre. Il dit: "J'ai froid et je ne vois rien. Je n'ai pas de nourriture. Que faire?"

Maintenant il a les yeux fermés. Il ne voit rien, et il ne dit rien.

Mais voilà un chien qui vient. C'est un grand chien. C'est un Saint-Bernard. Il porte une bouteille de vin au cou. Il voit l'homme, et il vient près de lui. Il met le nez sur la figure de l'homme. La figure de l'homme est froide. Mais le souffle du chien est chaud. Il pousse la tête de l'homme avec sa tête.

L'homme a maintenant les yeux ouverts. Il voit le chien, et il voit le vin. Il prend le vin. Maintenant il n'a pas froid.

Il est debout maintenant. Il est avec le chien, et le chien va vers une maison. Après une demi-heure ils sont à la porte de la maison.

Dans la maison il fera chaud. On donnera des vêtements chauds à l'homme et on lui donnera de la bonne soupe chaude. Alors l'homme sera content. Après il ira à la maison, et sa femme et ses fils seront très contents aussi.

1. Où est l'homme?

L'homme est dans les montagnes.

2. Est-ce qu'il fait froid à dix heures?

_____

3. Est-ce qu'il fait clair alors?

_____

4. Est-ce que l'homme a froid alors?

_____

_____

5. Qu'est-ce que l'homme dit?

_____

_____

_____

6. Qui vient?

_____

_____

7. Qu'est-ce qu'il porte au cou?

_____

8. Qu'est-ce qu'il fait?

_____

_____

9. Où est-ce qu'il va avec l'homme?

_____

_____

_____

10. Quel genre de chien est-ce que c'est?

_____

VERBES

VERBES

acheter
pres. achète, achètes, achète, achetons, achetez, achètent
fut. achèterai, -as, -a, -ons, -ez, -ont
imp. achetais, -ais, -ait, -ions, -iez, -aient
p.p. acheté

aller
pres. vais, vas, va, allons, allez, vont
fut. irai, -as, -a, -ons, -ez, -ont
imp. allais, -ais, -ait, -ions, -iez, -aient
p.p. allé

avoir
pres. ai, as, a, avons, avez, ont
fut. aurai, -as, -a, -ons, -ez, -ont
imp. avais, -ais, -ait, -ions, -iez, -aient
p.p. eu

dire
pres. dis, dis, dit, disons, dites, disent
fut. dirai, -as, -a, -ons, -ez, -ont
imp. disais, -ais, -ait, -ions, -iez, -aient
p.p. dit

donner
pres. donne, donnes, donne, donnons, donnez, donnent
fut. donnerai, -as, -a, -ons, -ez, -ont
imp. donnais, -ais, -ait, -ions, -iez, -aient
p.p. donné

145

enlever
pres. enlève, enlèves, enlève, enlevons, enlevez, enlèvent
fut. enlèverai, -as, -a, -ons, -ez, -ont
imp. enlevais, -ais, -ait, -ions, -iez, -aient
p.p. enlevé

entrer
pres. entre, entres, entre, entrons, entrez, entrent
fut. entrerai, -as, -a, -ons, -ez, -ont
imp. entrais, -ais, -ait, -ions, -iez, -aient
p.p. entré

être
pres. suis, es, est, sommes, êtes, sont
fut. serai, -as, -a, -ons, -ez, -ont
imp. étais, -ais, -ait, -ions, -iez, -aient
p.p. été

faire
pres. fais, fais, fait, faisons, faites, font
fut. ferai, -as, -a, -ons, -ez, -ont
imp. faisais, -ais, -ait, -ions, -iez, -aient
p.p. fait

goûter
pres. goûte, goûtes, goûte, goûtons, goûtez, goûtent
fut. goûterai, -as, -a, -ons, -ez, -ont
imp. goûtais, -ais, -ait, -ions, -iez, -aient
p.p. goûté

mettre
pres. mets, mets, met, mettons, mettez, mettent
fut. mettrai, -as, -a, -ons, -ez, -ont
imp. mettais, -ais, -ait, -ions, -iez, -aient
p.p. mis

monter
pres. monte, montes, monte, montons, montez, montent
fut. monterai, -as, -a, -ons, -ez, -ont
imp. montais, -ais, -ait, -ions, -iez, -aient
p.p. monté

porter
pres. porte, portes, porte, portons, portez, portent
fut. porterai, -as, -a, -ons, -ez, -ont
imp. portais, -ais, -ait, -ions, -iez, -aient
p.p. porté

pousser
pres. pousse, pousses, pousse, poussons, poussez, poussent
fut. pousserai, -as, -a, -ons, -ez, -ont
imp. poussais, -ais, -ait, -ions, -iez, -aient
p.p. poussé

prendre
pres. prends, prends, prend, prenons, prenez, prennent
fut. prendrai, -as, -a, -ons, -ez, -ont
imp. prenais, -ais, -ait, -ions, -iez, -aient
p.p. pris

sortir
pres. sors, sors, sort, sortons, sortez, sortent
fut. sortirai, -as, -a, -ons, -ez, -ont
imp. sortais, -ais, -ait, -ions, -iez, -aient
p.p. sorti

tenir
pres. tiens, tiens, tient, tenons, tenez, tiennent
fut. tiendrai, -as, -a, -ons, -ez, -ont
imp. tenais, -ais, -ait, -ions, -iez, -aient
p.p. tenu

tirer
pres. tire, tires, tire, tirons, tirez, tirent
fut. tirerai, -as, -a, -ons, -ez, -ont
imp. tirais, -ais, -ait, -ions, -iez, -aient
p.p. tiré

tourner
pres. tourne, tournes, tourne, tournons, tournez, tournent
fut. tournerai, -as, -a, -ons, -ez, -ont
imp. tournais, -ais, -ait, -ions, -iez, -aient
p.p. tourné

venir
pres. viens, viens, vient, venons, venez, viennent
fut. viendrai, -as, -a, -ons, -ez, -ont
imp. venais, -ais, -ait, -ions, -iez, -aient
p.p. venu

voir
pres. vois, vois, voit, voyons, voyez, voient
fut. verrai, -as, -a, -ons, -ez, -ont
imp. voyais, -ais, -ait, -ions, -iez, -aient
p.p. vu

RÉPONSES

RÉPONSES

The first number indicates the page of the workbook on which the questions appear. The number in parentheses refers to the pages in *French Through Pictures* which these exercises support.

Pages 2-3 (1-3)

1. C'est moi.
2. C'est vous.
3. C'est elle.
4. C'est vous.

5. C'est lui.
6. C'est nous.
7. C'est lui.
8. C'est vous.

Pages 4-5 (4-6)

1. moi, ici
2. elle, là-bas
3. là-bas
4. ici

5. ici
6. sont
7. sommes
8. êtes

Pages 6-7 (7-8)

1. garçon
2. petite fille
3. Ce

4. Cette
5. Ces
6. Ces

Page 8 (9)

1. Il
2. Elle
3. Elle
4. Il
5. Ils
6. suis
7. êtes
8. sont

9. est
10. est
11. un
12. une
13. Ce
14. Ces
15. Ces

RÉPONSES

Page 9 (10-12)

1. une, la, elle

2. un, mon

Pages 10-11 (10-12)

3. tête, ma

4. chapeau, le

5. une, a, son, à

6. un, a, son, sur

Pages 12-13 (13)

1. votre
2. vos
3. votre
4. vos
5. main

6. pouce
7. doigts
8. mains
9. gauche
10. droite

Pages 14-15 (14-16)

1. a
2. enlève
3. mettra
4. met

5. a mis, était
6. enlèvera
7. enlevé, était, a

Page 16 (14-16)

sur, de; de, à, sur; sur; sur, sur, de, sur, sur

Page 17 (5-15)

1. une, voici, petite, sont
2. deux
3. La, a, chapeau

4. a, à
5. à, gauche, sur

Pages 18-19 (1-16)

1. a, avez, avez, ai, a, ai
2. est, suis, sont, êtes, est, sommes

3. Cette, Ce, Ce, Cet
4. son, sa, sa, son, sa
5. le, les, le, les

Pages 20-21 (17-18)

1. un

2. trois

3. deux
4. la, de
5. la, de

6. d'un
7. d'une
8. de

Pages 22-23 (19-21)

1. a, sur
2. enlève
3. donnera

4. donne, à, le
5. a donné, à
6. a, à

Page 24 (19-21)

7. mettra, sur
8. met, le, sur

9. a mis, avait

Page 25 (22-24)

1. des, deux
2. trois, des

3. bateau, l'

Page 26 (22-24)

4. bouteille, dans

5. et, plancher, était

Page 27 (22-24)

1. des

2. des

Pages 28-29 (22-24)

3. des
4. des

5. Voici
6. Voilà

Pages 30-31 (1-21)

1. La femme est ici.
2. C'est un chapeau.
3. La table est là-bas.

4. Il a un chapeau.
5. Il met son chapeau
sur sa tête.

153

Pages 32-33 (1-24)

1. la femme; les femmes
2. le chapeau; les chapeaux
3. le garçon; les garçons
4. la petite fille; les petites filles
5. la table; les tables
6. l'homme; les hommes
7. le verre; les verres
8. la main; les mains
9. le bateau; les bateaux
10. le doigt; les doigts
11. la tête; les têtes
12. la bouteille; les bouteilles
13. le pouce; les pouces
14. le plancher; les planchers
15. une femme; des femmes
16. un homme; des hommes
17. un garçon; des garçons
18. une table; des tables
19. un chapeau; des chapeaux
20. un oiseau; des oiseaux
21. un bateau; des bateaux
22. une bouteille; des bouteilles
23. un verre; des verres
24. une main; des mains
25. un doigt; des doigts

Pages 34-35 (25)

homme
1. pieds
2. table
3. pieds
4. chaise
5. pieds
6. tête
7. bras
8. mains
9. jambes
10. pieds

Pages 36-37 (26-28)

1. fenêtre
2. fenêtre
3. porte
4. porte
5. maison, il, a
6. fermée
7. ouverte
8. ouverte
9. fermée
10. fermée

154

Pages 38-39 (28)
1. maison, maisons, maisons, maison
2. fenêtre, fenêtre, fenêtres, fenêtre
3. des, Une, des, des
4. Cette, Ces, Ces, Cette
5. autre, autres, autres, autres

Pages 40-41 (26-28)
1. mur
2. mur
3. autre
4. plancher
5. Il y a
6. Il y a, il y a, dans
7. Il y a, plancher
8. Il y a

Pages 42-43 (26-28)
1. dans
2. dans
3. dans
4. fenêtres, dans, maison
5. dans

Page 44 (26-28)
6. crochets
7. le cadre

Page 45 (1-25)
1. garçon
2. fille
3. femme
4. homme
5. table
6. chapeau
7. main
8. pouce
9. doigts
10. tête
11. droite
12. gauche
13. maintenant
14. bateau
15. bouteille
16. oiseau
17. verres
18. bras
19. jambes
20. pieds

Pages 46-47 (29)
1. homme
2. maison
3. ira
4. rue, va
5. allé, à, dans

Page 48 (30)

1. Est-ce que l'eau est
   dans le verre?
3. Qu'est-ce que c'est?
5. Est-ce que Marie en-
   lève son chapeau?

6. Est-ce qu'un homme a
   deux mains?
7. Est-ce qu'il met le
   verre sur la table?
9. Est-ce qu'elle a un
   chapeau?

Page 48 (35)

1. que
2. qu'
3. que
4. qu'

5. qu'
6. que
7. que
8. qu'

Page 49 (35-37)

1. C'est une pendule.
   Il est midi.
2. Il est trois heures.
   Il sera quatre heures.
   Il était deux heures.

3. la réponse
4. Quelle heure est-il?

Pages 50-51 (35-37)

5. choses
6. personnes
7. un (une), deux, trois,
   quatre, cinq. six. sept,
   huit, neuf, dix, onze,
   douze

8. après
9. après
10. après
11. après
12. après

Pages 52-53 (38-39)

1. n'est, ne sont
2. est
3. était, entre
4. n'est pas, était, porte

5. Oui, Jean est avec
   Marie. Oui, ils sont
   ensemble.

Pages 54-55 (38-39)

6. sont
7. sont; ne, pas
8. Oui, ils sont ensemble.
9. Non, ils ne sont pas dans la maison.
10. Ils, dans, étaient

Page 56 (25-37)

1. chaise
2. salle
3. porte
4. tableau
5. fenêtres
6. plancher
7. mur
8. cadre
9. crochet
10. maison
11. rue
12. question
13. réponse
14. point
15. interrogation
16. eau
17. pendule
18. heure
19. chose
20. personne

Page 57 (40-42)

1. d'un
2. d'une
3. yeux, fermés
4. bouche, bouche, fermée

Pages 58-59 (40-42)

5. fermés, ouverte
6. yeux. mais, bouche
7. gauche
8. vois, la, voit, me, rien (pas), voyait, voyait
9. dira, dit, fermés
10. des parties

Pages 60-61 (42)

1. une, une, un, une, un
2. ouverte, ouverte, ouvert, ouvert, ouverte
3. fermés, fermés, fermée, fermée, fermée
4. allé, allée, allée, allé, allée

RÉPONSES

Pages 62-63 (21-42)

1. L'eau est dans le verre.
2. Il y a une fenêtre dans cette maison.
3. Il est dix heures maintenant. Maintenant il est dix heures.
4. Elle a les yeux ouverts.
5. Ces livres sont ensemble sur le rayon.
6. Je la vois.
7. Elle ne me voit pas.
8. Ils sont allés à la porte.
9. Il a la bouche fermée maintenant. Maintenant il a la bouche fermée.
10. Il ne dit rien.

Pages 64-65 (44)

au-dessus, sous, entre, au-dessus, sur, entre, sur, dans dessus, sous, entre; sur, au-

Pages 66-67 (45)

1. longs, courts
2. courts, longs
3. longs
4. courts, longs

Pages 68-69 (46)

1. aiguilles
2. grande
3. petite
4. petite, grande
5. petite, grande
6. petites

Page 70 (46)

7. petite, grande
8. aiguilles, petite

Pages 72-73 (47)

1. Marie est dans une salle de sa maison.
2. Il y a une table et quatre chaises dans cette salle.
3. Marie met son chapeau sur une chaise.
4. Non, elle enlève ses gants. (Non, Marie ne met pas ses gants.)
5. Jean est maintenant dans la salle.

158

6. Marie dit à Jean: "Où
est mon chapeau? Je
l'avais à la main. Je
ne l'ai pas maintenant.
Où est-il? Est-ce que
vous voyez mon cha-
peau, Jean? Est-ce que
vous le voyez?"
7. Oui, Jean voit le
chapeau.
8. Il dit: "Oui, je le vois.
Voilà votre chapeau

sur une chaise sous la
table. Je le mets sur la
table maintenant. Est-
ce que vous le voyez
maintenant?"
9. Le chapeau était sur
une chaise sous la ta-
ble.
10. Non, Jean ne donne
pas le chapeau à
Marie.

Pages 74-75 (48-51)
1. le cou
2. bébé
3. yeux
4. pied
5. pieds d'une table

6. jambes
7. a) oreilles b) tête
c) pattes
8. parties
9. maison

Pages 76-77 (48-51)
10. Oui, un chien a un
nez. Oui, un bébé a un
nez.
11. livre
12. pendule
13. main, pied
14. Non, mon nez n'est
pas au-dessus de mes
yeux. Il est sous mes
yeux.
15. Oui, mes oreilles sont
des parties de ma tête.
16. Oui, la poitrine est
une partie du corps.

17. Mon menton est sous
ma bouche et au-
dessus de mon cou.
18. Mon nez est sous mes
yeux et au-dessus de
ma bouche.
19. Mon cou est entre ma
tête et ma poitrine.
20. poitrine
21. dans
22. sur
23. au-dessus de
24. sous
25. entre

RÉPONSES

Pages 78-79 (51)
1. ne sont pas
2. n'a pas
3. n'est pas
4. ne voit pas
5. ne sont pas

Page 80 (37-51)
1. ensemble
2. rayon
3. yeux
4. oeil
5. nez
6. bouche
7. livre
8. page
9. lumière
10. chien
11. pattes
12. cou
13. poitrine
14. cheveux
15. oreilles
16. figure
17. parties
18. aiguille
19. minuit
20. midi
21. corps
22. bébé
23. queue
24. genou
25. menton

Pages 82-83 (58-61)
1. Il est allé à la maison.
2. Il avait une clef dans sa poche.
3. Il met sa clef dans la serrure de la porte.
4. Non, la porte de la salle est ouverte.
5. Il voit son chien dans la salle.
6. Le chien est sur une chaise à la fenêtre.
7. Oui, le chien tourne la tête et il voit Jean.
8. Non, Marie n'est pas dans la salle (maintenant).
9. Oui, Marie viendra dans la salle. Elle entrera dans la salle.
10. Alors Marie sera avec Jean et Miraud.

Page 84 (58-61)
1. le
2. la
3. le
4. la

160

5. l'   7. les
6. l'   8. les

Page 85 (62)

1. fermée   11. ouverte
2. fermées   12. ouvert
3. fermé   13. ouverts
4. fermées   14. ouvertes
5. fermés   15. ouverte
6. fermée   16. ouverts
7. fermées   17. ouverte
8. fermé   18. ouverts
9. fermée   19. ouvert
10. fermés   20. ouvert

Page 86 (62)

1. l'autre   4. un, les, autres
2. une, autre, autres, une   5. le, les, un, autre,
   (la), un (le)   autres, les
3. une, autre, autres 6. une, l'autre

Page 87 (42-62)

A. 1. Ce livre est ouvert.
   2. Elle a un livre à la
      main.
   3. Le nez est une partie
      de la figure.

4. Les yeux sont au-des-
   sus du nez.
5. La poitrine est entre
   les deux bras.
6. On met une clef dans
   une serrure.

Page 88 (42-62)

B. 1. donne, donné
   2. entre, entré
   3. va, allé

4. dit. dit
5. vient, venu

Page 89 (63-64)

1. sortira
2. entre
3. vient
4. va
5. est sorti
6. entre
7. entrera
8. vient
9. est sortie
10. ira

Page 90 (64)

1. de
2. dans
3. par
4. à
5. de, par
6. à
7. par
8. de, par
9. dans
10. par

Page 91 (65-67)

1. verra
2. voit
3. vu
4. vu
5. prend
6. pris
7. entrée
8. mis
9. prendra
10. prend

Page 92 (68-69)

1. me
2. le
3. la
4. y
5. y
6. y
7. ici
8. quand
9. quand
10. qui

Page 93 (69)

A. 1. venue
2. sortie
3. entrée
4. allée
5. sortie
6. venue
7. allée
8. entrée
9. venue
10. sortie

RÉPONSES

Page 94 (69)

11. entrée
12. allée

B. 1. Qu'
2. Qui

3. qui
4. qui
5. Qu'
6. Quand

Page 95 (70-76)

1. prendrai
2. crochet
3. l'
4. l'
5. de nouveau

6. le
7. voyez
8. sous
9. en l'air
10. argent

Page 96 (70-76)

1. Elle y a vu un billet de dix mille francs.
2. Oui, l'argent était dans le chapeau quand il était accroché.
3. Oui, le vent a enlevé le chapeau de Jean.

4. Quand le chapeau était par terre, il y avait de l'argent sous le chapeau. Il y avait un billet de dix mille francs.
5. Il a vu l'argent quand il a soulevé le chapeau.

Page 97 (77-79)

1. debout
2. assis
3. à

4. à, dans
5. du, leur
6. mettrai, prendrai

Pages 98-99 (77-79)

1. Le vent enlève le chapeau de cet homme.
2. Il tire le bouchon avec un tire-bouchon.

3. Il met du vin dans un verre à vin.
4. Il prend son vin.
5. Il tient deux chaises.
6. Elle tient un plateau.

RÉPONSES

Page 101 (80-81)

1. Marie achète une robe, des souliers et des bas dans le magasin. Jean y achète une pipe.
2. Ils vont à la maison après.
3. A la maison Marie enlève sa vieille robe et elle met la robe neuve, ses bas et ses souliers neufs.
4. Elle voit Jean, assis sur une chaise, sa pipe neuve dans la bouche.
5. Cet argent vient de la rue. Il était sous le chapeau de Jean.

Page 102 (82-83)

1. qui
2. que
3. que
4. qui
5. que
6. qui
7. que
8. qui
9. qui
10. que

Page 103 (82-83)

1. avant d'
2. après
3. après
4. après
5. après
6. avant d'
7. avant d'
8. après

Pages 104-105 (62-82)

1. Ils n'y sont pas encore allés.
2. Il est venu par la porte ouverte.
3. Il ira à la table.
4. Il y a deux garçons dans la maison.
5. Il y a deux autres garçons dans la rue.
6. Il a mis son chapeau sur la table.
7. Qu'est-ce que Marie tient à la main?
8. Elle a un billet de dix mille francs à la main.
9. Jean met du vin dans un verre.

RÉPONSES

10. Il n'y a pas de vin dans l'autre verre.

11. Marie met une chaise près de la table.

Page 106 (51-82)

1. clef
2. serrure
3. poche
4. billet
5. argent
6. francs
7. vent
8. arbre
9. terre
10. vin
11. plateau
12. assiettes
13. soupe
14. debout
15. cuillère
16. robe
17. pipe
18. magasin
19. souliers
20. bas
21. gants
22. vêtements
23. pomme
24. branche
25. panier

Page 107 (82-83)

1. prise
2. pris
3. prise
4. pris
5. prise
6. pris
7. mis
8. mise
9. mise
10. mis
11. mise
12. mis
13. prise
14. mis

Page 109 (86-91)

1. Il est midi.
2. Marie entre dans la salle. Elle met la table. Elle porte un plateau à la table.
3. Oui, il y a deux verres sur le plateau.
4. Elle les met à gauche.
5. Elle porte la soupe à la table.

RÉPONSES

Page 110 (86-91)

6. Marie a mis la table.
7. Elle lui dit: "La table est mise, et la soupe est ici."
8. Oui, Jean vient.
9. Ils sont assis à la table.
10. Marie a mis du lait et des pommes de terre dans la soupe.

Page 111 (86-91)

1. Qui
2. Qu'
3. Quand
4. Quelles
5. Quel
6. Quelles
7. Quelle
8. Quelle
9. Quels, qui
10. Qui, qui

Page 112 (82-92)

1. boîte
2. devant
3. entrée
4. côtés
5. veston
6. manches
7. col
8. dos
9. pantalons
10. chaussettes
11. chemise
12. nom
13. fourchettes
14. couteau
15. lait
16. pommes de terre
17. vache
18. animal
19. animaux
20. cochon
21. mouton
22. cheval
23. tasse
24. pelure
25. fourche

Page 113

C'est, Est-ce, c'est; Que, ne; que, dans, dans; est-ce que, sur, sur, Après, dans, qui, dans

Pages 114-115 (92-94)

1. Est-ce que l'eau bouillante est chaude?
2. Est-ce que les pommes
   de terre sont des lé-
   gumes?
3. Est-ce que les feuilles
   et les fruits sont des
   parties d'une plante?
4. Est-ce que la vapeur
   sort de l'eau bouil-
   lante?
   (Qu'est-ce qui sort
   de l'eau bouillante?)

5. Est-ce qu'une flamme
   est chaude?
6. Où est cette casserole?
   (Est-ce que cette cas-
   serole est sur la
   flamme?)
7. Qui a mis la table?
8. Qu'est-ce que Marie a
   mis dans la soupe?

Pages 116-117 (94-95)

1. flamme, casserole,
   chaleur, vapeur
2. n'est pas, solide

3. oiseau, branche,
   oiseaux, l'arbre, l'air
4. l'air, chaud
5. en l'air

Pages 118-119 (96-97)

1. donne
2. prend
3. monte
4. met

5. de, de, de, des, de
6. avec
7. très
8. fait

Pages 120-121 (98-101)

1. Les côtés de la gla-
   cière sont épais.
2. On met le beurre, le
   lait, la viande, le
   fromage, les fruits et
   les oeufs dans la gla-
   cière.

3. On fait du beurre et
   du fromage avec du
   lait.
4. Non, Jean n'est pas
   content quand le lait
   est mauvais.

5. "Pomme" et "orange" sont les noms de deux fruits.
6. Non, les pommes de terre ne sont pas des fruits.
7. Elle y met des pommes de terre, du lait et du sel.

8. On enlève les pommes de terre de la terre avec une fourche.
9. Non, la fourchette n'entre pas dans les pommes de terre dures.

Page 122 (102-103)
1. Oui, le verre est dur.
2. Non, le beurre n'est pas dur. Il est mou.
3. Non, on ne fait pas de purée avec des pommes de terre dures. On fait une purée avec des pommes de terre tendres.

4. Oui, une assiette est dure.
5. Non, ils n'y entrent pas.
6. Oui, les dents sont une partie de la bouche.
7. Non, le couteau n'est pas mou. Il est dur.
8. Oui, elle a bon goût.

Page 123 (92-97)
1. plante
2. fleur
3. feuilles
4. fruits
5. tige
6. racines
7. légumes
8. casserole
9. couvercle
10. vapeur
11. flamme
12. glace
13. liquide
14. tiroir
15. chaleur
16. avion
17. respiration
18. souffle
19. glacière
20. oeufs
21. instrument
22. temps
23. mesure
24. mètre
25. centimètre

Page 124 (104-105)

1. parce que
2. avant d'
3. pour, pour
4. Après
5. parce que

6. parce que
7. pour
8. pour
9. pour
10. pour

Page 125 (106-107)

1. Voici des genres différents de feuilles.
2. Voici des genres différents de boîtes.

3. Voici des genres différents de fruits.

Pages 126-127 (106-107)

4. Voici des genres différents d'arbres (de plantes).
5. Voici des genres différents d'animaux.
6. Voici des genres différents de verres.

7. Voici des genres différents de bouteilles.
8. Voici des genres différents de chapeaux.
9. Voici des genres différents de vêtements.

Pages 128-129 (108-112)

1. Non, ils ne sont pas pareils, ils sont différents.
2. Oui, ils sont pareils.
3. Non, ils ne sont pas pareils. Ils sont différents.

4. Non, ils ne sont pas pareils.
5. Non, ils ne sont pas pareils.
6. Non, ils ne sont pas pareils.

Pages 130-131 (82-109)

1. La pomme est sur la branche de l'arbre.
2. Elle tient à la main la pomme qu'elle a prise.

3. Elle a levé la main avant de prendre la pomme.

4. Jean est content parce que le lait est bon.
5. La flamme est chaude mais la glace est froide.
6. Le verre est sur la table et le couteau y est aussi.
7. Cette jeune fille est la soeur des deux petites filles.
8. L'oiseau est là-haut sur une branche de l'arbre.

Pages 132-133 (110-112)

1. transparente, à travers
2. à travers, parce qu'
3. épaisse, claire, transparente
4. transparente, à travers
5. épais, transparent
6. clair, clair, à travers

Page 134 (1-112)

1. pain
2. gants
3. crochet
4. vin
5. tableau
6. montagne
7. cheveux
8. soupe
9. casserole
10. chapeau
11. chien
12. crochet
13. chapeau
14. pied
15. Marie
16. pomme de terre

Page 135 (97-109)

1. ligne
2. viande
3. pain
4. fromage
5. beurre
6. oranges
7. purée
8. morceau
9. dents
10. sel
11. goût
12. nourriture
13. genres
14. chèvres
15. paniers
16. mère
17. fils
18. frère
19. soeur
20. famille

Page 136 (1-112)

1. mauvais
2. sortir
3. petite
4. courts
5. chaud
6. gauche
7. fermée
8. debout
9. vieille
10. mince
11. mou, tendre
12. haute
13. différents
14. sous
15. aller
16. maisons
17. chaises
18. têtes
19. animaux
20. chevaux
21. oiseaux
22. bateaux
23. tableaux
24. plateaux
25. genoux

Page 137 (1-112)

1. l'
2. le
3. la
4. l'
5. la
6. l'
7. le
8. l'
9. le
10. la
11. l'
12. la
13. l'
14. la
15. l'
16. le
17. le
18. l'
19. la
20. l'

Pages 138-139 (1-112)

1. de pommes
2. de bras
3. de pattes
4. de livres
5. de fleurs
6. de lait
7. de robes
8. qui a fait la soupe
9. qui vient par la porte ouverte
10. qui
11. qui a fait ce tableau
12. que
13. que
14. qui
15. que

171

Page 141

1. L'homme est dans les montagnes.
2. Oui, il fait froid à dix heures.

3. Non, il ne fait pas clair alors.
4. Oui, l'homme a froid alors. Son corps est froid.

Page 142

5. Il dit: "J'ai froid et je ne vois rien. Je n'ai pas de nourriture. Que faire?"
6. Un grand chien vient. C'est un Saint-Bernard.
7. Il porte une bouteille de vin au cou.

8. Il met le nez sur la figure de l'homme.
9. Le chien et l'homme vont à une maison. La maison est dans les montagnes.
10. C'est un Saint-Bernard.

INDEX

INDEX

The number after each word indicates the page of the text on which the word first occurs. Forms which do not occur in the text are in light face. More than one page reference means that the word has different grammatical uses. (Note that page numbers in this Index DO NOT refer to page numbers in the Workbook.)

1175